Über dieses Buch Dieser weithin unbekannte Text Bacons enthält die Darstellung und Interpretation von 31 antiken mythischen Erzählungen. Dabei ist für Bacon jeder Mythos die Verschlüsselung einer spezifischen Lebenserfahrung, einer moralischen oder sozialen Lehre, allgemein einer ›Weisheit‹, die dem Text durch verständige Lektüre zu entlocken ist. Auch hier steht also Bacon an der Scheidelinie von mittelalterlichem und neuzeitlichem Denken: Für ihn hat das von fernher Überlieferte durchaus noch Aura und Autorität, aber zugleich dient es bereits als historischer Erfahrungsspeicher, der zu unserer freien Verfügung steht.

De sapientia veterum wurde zuerst in lateinischer Sprache publiziert und dann – noch zu Lebzeiten Bacons – ins Englische übertragen. Beide Fassungen wurden bei der vorliegenden Übersetzung berücksichtigt; die von Bacon angeführten Zitate wurden aufgesucht und verifiziert. Dem geistesgeschichtlichen und historischen Kontext sowie den Querverbindungen zu Bacons umfangreichen theoretischen Schriften ist ein Essay des Herausgebers gewidmet.

Der Herausgeber Philipp Rippel, geb. 1939, lebt als freier Publizist und Übersetzer in Bad Nauheim.

FRANCISCI BACONI

EQVITIS AVRATI,
PROCVRATORIS SE-
CVNDI, IACOBI REGIS
Magnæ BRITANNIÆ,

DE SAPIENTIA VETERVM LIBER,

Ad Inclytam Academiam Cantabrigiensem.

LONDINI,
Excudebat ROBERTVS BAR-
KERVS, Serenissimæ Regiæ
Maiestatis Typographus.
ANNO 1609.

Francis Bacon

Weisheit der Alten

Herausgegeben
und mit einem Essay
von Philipp Rippel

Aus dem Lateinischen
und Englischen übertragen und
mit Anmerkungen versehen
von Marina Münkler

Fischer Taschenbuch Verlag

Veröffentlicht im Fischer Taschenbuch Verlag GmbH,
Frankfurt am Main, Februar 1990

Titel des lateinischen und englischen Originals:
›De sapientia veterum‹ (1609)
›Of the Wisdome of the Ancients‹ (1619)

Umschlaggestaltung: Buchholz/Hinsch/Hensinger
Umschlagabbildung: ›Hermes als Mystagoge‹,
aus Bocchis ›Symbolicae quaestiones‹ (1555)
Gesamtherstellung: Clausen & Bosse, Leck
Printed in Germany
ISBN 3-596-26588-6

Inhalt

Anhang

Vorrede

Das früheste Altertum ist mit Ausnahme dessen, was von ihm in der Heiligen Schrift bewahrt ist, in Schweigen und Vergessen gehüllt. Auf dieses Schweigen folgten die Sagen der Dichter, auf diese Sagen die Schriften, die uns überliefert sind. Es scheint also, als sei in der Mitte zwischen den verborgenen Tiefen des Altertums und der Zeit der schriftlichen Überlieferung ein Schleier von Sagen gespannt, der das, was verlorengegangen ist, von dem trennt, was erhalten geblieben ist.

Nun werden viele denken, daß ich mich mit nichts anderem als Spielereien beschäftige und mit der Erläuterung der Sagen der Dichter nichts anderes tue, als was diese taten, als sie sie erfanden, und es ist wahr: Wenn ich die Absicht hätte, mich mit solchem Zeitvertreib zu meiner Erholung und zur Erholung meines Lesers von meinen ernsteren Studien abzulenken, dann könnte ich wirklich darin schwelgen. Aber das ist nicht meine Absicht. Ich weiß sehr wohl, aus welch biegsamem Stoff Sagen gemacht sind, wie gerne sie jeder Richtung folgen, in die man sie zieht, und wie leicht man ihnen mit wenigen Änderungen einen Sinn verleihen kann, den sie niemals in sich trugen. Ebensowenig habe ich vergessen, daß solcher Mißbrauch bereits sehr lange getrieben wird, daß viele nur den Wunsch hatten, für ihre Doktrinen und Erfindungen die Bekräftigung und das Ansehen des Altertums zu erlangen, und daß dies weder ein neuer noch ein seltener Wahn ist, sondern vielmehr alt und gebräuchlich. So machte Chrysipp[1], als sei er ein Traumdeuter, vor langer Zeit aus den frühesten Dichtern Stoiker. In noch absurderer Weise haben die Alchimisten aus den spielerischen und unterhaltsamen Erzählungen über die Verwandlungen von Körpern Anklänge an ihre Schmelztiegelexperimente gefunden. All dies habe ich ernsthaft geprüft und erwogen, und ich habe auch die Leichtigkeit bedacht, mit der sich die Menschen in Allegorien verlieren; trotz alledem kann ich meine Absicht nicht aufgeben. Denn man sollte nicht zulassen, daß die Verrücktheiten und Anmaßungen einiger weniger das Ansehen der Parabeln im allgemeinen herabsetzen. Das wäre in der Tat eine Vorstellung, die nach Profanierung und Vorurteilen schmeckt, denn zu sehen, daß sich die Religion in solchen Schleiern und Schatten gefällt, und sie zu zerreißen, wäre nahezu gleichbedeutend damit, jede Verbindung zwischen dem Göttlichen und dem Menschlichen abzubrechen.

Aber wenn ich dies alles bedenke und allein von der menschlichen Weisheit spreche, so neige ich selbst (wie ich gerne zugebe) zu der Ansicht, daß bei einer nicht geringen Zahl von Sagen der antiken Dichter von Anfang an eine Allegorie und ein Geheimnis verborgen war. Vielleicht führt mich mein Respekt vor dem Altertum zu weit, aber wahr ist, daß ich in einigen dieser Sagen – sowohl durch den Rahmen und den Inhalt der Geschichte als auch durch die Bedeutung der Namen, durch die die Personen, von denen sie handeln, bezeichnet werden – eine solche Übereinstimmung und Verbindung mit der Bedeutung sehe, daß niemand ernsthaft bestreiten kann, daß eine solche Bedeutung von Anfang an beabsichtigt und bewußt in dieser Weise skizziert worden sei, denn wer könnte so uneinsichtig und verblendet sein, seine Augen davor zu verschließen, daß die Geschichte von Fama, die nach der Erschlagung der Giganten als deren leibliche Schwester geboren wurde, sich auf die Gerüchte und Berichte beider Seiten bezieht, die gewöhnlich nach der Niederschlagung von Revolten im Umlauf sind. Oder wer könnte, wenn er hört, daß der Gigant Typhon Jupiters Sehnen durchtrennt und wegbringt, Merkur sie zurückstiehlt und Jupiter wieder einsetzt, überhören, wie genau dies machtvolle Erhebungen beschreibt, die den Königen ihre Sehnen aus Geld und Autorität rauben, daß aber durch gerechte Worte und weise Edikte die Herzen der Untertanen sogleich zurückgewonnen werden können und – als ob sie zurückgestohlen worden wären – die Könige ihre Stärke wiedererlangen. Oder wer dächte nicht, wenn er die Geschichte des denkwürdigen Zuges der Götter gegen die Giganten hört, bei der das Geschrei von Silens Esel entscheidenden Anteil daran hatte, die Giganten in die Flucht zu schlagen, daß diese Geschichte auf die zahllosen Unternehmungen von Rebellen zielt, die gewöhnlich durch leere Gerüchte und wahnhafte Furcht (terrores vanos) zerstreut werden. Daneben gibt es in den Namen der Götter selbst eine Übereinstimmung und Bedeutung, die jedem klar sein muß:

Der Name von Jupiters Gattin, Metis, bedeutet einfach Rat; Typhon bedeutet Aufruhr; Pan Universum; Nemesis Rache etc. Und was ist dabei, wenn wir hier und da ein Stück realer Geschichte darunter finden oder etwas, das ausschließlich zur Ausschmückung hinzugefügt wurde, oder wenn die Zeiten durcheinandergehen, ein Teil einer Sage auf eine andere übertragen oder eine neue Allegorie eingeführt wurde? Denn wie könnte es anders sein, da diejenigen, die sie überliefert haben, nicht nur in verschiedenen Zeitaltern lebten, sondern auch unterschiedliche Absichten hatten, von denen einige älter, andere jünger waren, von denen einige auf die Natur (natura rerum), andere auf die Politik (res civiles) gerichtet waren. Es gibt jedoch noch ein anderes Anzeichen von nicht zu unterschätzender Bedeutung dafür, daß diese Sagen eine dunkle und verborgene Bedeutung besitzen, nämlich, daß einige von ihnen, betrachtet man ausschließlich die Handlung selbst, so unsinnig und geschmacklos erscheinen, daß man annehmen muß, ihnen liege eine Parabel zugrunde, von der sie nur ferne Kenntnis geben. Denn von einer Sage, die nachvollziehbar ist, kann man vielleicht vermuten, sie sei lediglich um der Unterhaltung willen in Anlehnung an die Geschichte geschaffen. Was aber von niemandem so erdacht oder erzählt worden sein kann, muß einem anderen Zweck dienen. Denn was für eine Geschichte ist das etwa, in der Jupiter die Metis zur Frau nimmt und sie, als er sieht, daß sie schwanger ist, aufißt, so daß er selbst schwanger wird und die behelmte Pallas Athene aus seinem Kopf gebiert. Zweifellos hatte kein Mensch je einen solch undenkbaren und monströsen Traum. Das größte Gewicht hat für mich jedoch die Überlegung, daß – meines Erachtens – nur wenige Sagen von denjenigen erdacht worden sind, die sie verbreitet und berühmt gemacht haben – Homer, Hesiod und die übrigen. Denn wenn sie mit Sicherheit eine Schöpfung des Zeitalters und der Dichter wären, durch die sie uns überliefert sind, hätte ich nicht daran gedacht, in einer solchen Quelle nach etwas Großem und Erhabenem zu suchen. Wenn wir die Sache genau betrachten, zeigt sich jedoch, daß sie uns nicht als neu erdacht überliefert und berichtet werden, sondern als Geschichten, die früher geglaubt und überliefert wurden. Da sie außerdem von Dichtern nahezu desselben Zeitalters unterschiedlich berichtet werden, ist leicht einzusehen, daß das, was allen Versionen gemeinsam ist, aus der früheren Überlieferung stammt, während jene Teile, in denen sie sich unterscheiden, von verschiedenen Dichtern zur Ausschmückung hinzugefügt wurden – ein Umstand, der ihnen in meinen Augen sogar noch größeren Wert verleiht: Denn dann muß man sie weder als neue Erfindung noch als dem Zeitalter der Dichter selbst zugehörig betrachten, sondern als die geheiligten Relikte und den sanften Atem besserer Zeiten, die durch die Überlieferung älterer Völker in die Flöten und Trompeten der Griechen gelangten.

Wenn jemand nichtsdestoweniger glauben möchte, daß die allegorische Bedeutung der Sage auf keinen Fall ursprünglich und ihr eigentümlich ist, sondern die Sage immer zuerst da war und die Allegorie später hineingedacht wurde, werde ich auf diesem Punkt nicht bestehen; wenn ich ihm aber auch gestatte, sich am Gewicht des Urteils (mag es auch noch so dumpf und schwerfällig sein), das er schätzt, zu erfreuen, so werde ich ihn, wenn er es wert ist, auf einem anderen Felde attackieren. Parabeln sind auf zweierlei Weise und (was eigenartig ist) zu entgegengesetzten Zwecken verwendet worden. Denn sie dienen ebenso dazu, die Bedeutung zu verhüllen und zu verschleiern, wie sie zu erhellen und zu verdeutlichen. Um Streit zu vermeiden, wollen wir vom ersten Zweck absehen. Nehmen wir an, daß diese Sagen keinen bestimmten Zweck verfolgten, sondern lediglich der Unterhaltung dienten. So bleibt ohne Zweifel der spätere Gebrauch doch bestehen, und nichts kann uns dessen berauben. Und niemand (der auch nur halbwegs gebildet ist) wird bestreiten, daß ihre Betrachtung eine bedeutende und ernsthafte Angelegenheit und durchaus nicht vergeblich, sondern vielmehr von größtem Nutzen für die Wissenschaft, manchmal sogar unverzichtbar ist. Ich meine die Verwendung der Parabeln als ein Mittel der Belehrung, durch das neuen und abstrusen Erfindungen, die abseits der gewöhnlichen Ansichten liegen, ein leichterer Zugang zum Verständnis gebahnt wird. Daher waren die frühesten Zeitalter, als die Erfindungen und Schlüsse des menschlichen Verstandes (rationis humanae) (selbst diejenigen, die uns heute abgedroschen und gewöhnlich scheinen) noch neu und ungewöhnlich waren, voller Sagen, Rätsel, Parabeln und Gleichnisse: und diese dienten nicht der Verhüllung und Verdeckung, sondern der Belehrung und Offenlegung der Bedeutung, denn der menschliche

Geist (hominum ingenium) war zu dieser Zeit noch roh und unfähig, subtilere Gegenstände zu erfassen als das, was den Sinnen unmittelbar gegeben war. Denn wie die Hieroglyphen vor den Buchstaben kamen, so kamen die Parabeln vor den Beweisen (argumentis). Und selbst wenn heute jemand die Absicht hätte, dem menschlichen Verstand einen neuen Gegenstand zu erhellen, und dies ohne Widerstand und Zwang tun wollte, so müßte er denselben Weg einschlagen und zu einem ähnlichen Hilfsmittel Zuflucht nehmen. Aus dem Dargelegten ziehe ich folgende Schlußfolgerung: Die Weisheit der frühen Zeitalter war entweder groß oder glücklich – groß, wenn sie wußten, was sie taten, und diese Gestalten oder Tropen erfanden; glücklich, wenn sie, ohne es zu wollen oder zu beabsichtigen, über einen Gegenstand stolperten, der Gelegenheit zu solch fruchtbaren Überlegungen bietet. Meine eigenen Bemühungen (wenn sie von irgendeinem Nutzen sein sollten) halte ich auf keinen Fall für verschwendet: Entweder beleuchte ich die Antike oder die Dinge selbst (res ipsas).

Daß dies bereits von anderen versucht worden ist, ist mir selbstverständlich bewußt. Freimütig muß ich jedoch sagen, daß die bislang in dieser Richtung unternommenen Bemühungen, so umfangreich und beschwerlich sie auch gewesen sein mögen, durch ihre Untersuchungen den Glanz und die Kraft ihres Gegenstandes nahezu zerstört haben. Männer ohne Erfahrung und, abgesehen von einigen Gemeinplätzen, ohne Bildung, haben den Sinn der Parabeln auf einige gewöhnliche und allgemeine Dinge herabgezogen, ohne ihre wahre Kraft, ihre eigentümliche Bedeutung oder ihren tieferen Sinn zu begreifen. Wir dagegen werden (wenn ich nicht irre) etwas Neues über einen vertrauten Gegenstand sagen. Während wir beiseite lassen, was platt und offen ist, wenden wir uns weiterreichenden und erhabeneren Höhen zu.

I. Kassandra oder die freimütige Rede

Die Sage erzählt, daß Apollo in Liebe zu Kassandra entbrannt war und von ihr mit wechselnden Mitteln hingehalten, aber gleichzeitig in seinen Hoffnungen bestärkt wurde, bis sie ihm die Gabe der Weissagung entlockt hatte. Kaum hatte sie jedoch erreicht, was von Anfang an ihr Ziel war, schlug sie seinen Antrag rundweg ab. Apollo aber, der sich nicht zum Gespött eines raffinierten Weibes machen lassen wollte und auf Rache sann, sein voreiliges Geschenk jedoch nicht zurücknehmen konnte, verband damit die Strafe, daß sie zwar immer die Wahrheit weissagen, aber kein Gehör finden solle. Ihre Weissagungen waren daher immer wahr, aber niemand schenkte ihnen Glauben. Selbst als sie wieder und wieder den Untergang ihres Vaterlandes vorhersagte, fand sie kein Gehör.

Diese Sage scheint die Freiheit zu tadeln, nutzlose und unzeitige Ratschläge zu erteilen. Denn diejenigen, welche von der Schärfe ihres eigenen Verstandes und ihren Fähigkeiten allzu überzeugt sind, wollen sich Apollo, dem Gott der Harmonie, nicht unterordnen, um zu lernen, wie man Zeit und Maß der Dinge erkennt, wie man spitze und ernste Töne der Rede unterscheidet, daß man zwischen feineren und gemeineren Ohren einen Unterschied machen muß, wann die rechte Zeit zu sprechen und wann die rechte Zeit zu schweigen ist. Daher werden sie, so weise und freimütig, so profund und nützlich ihre Ratschläge auch sein mögen, doch trotz all ihrer Bemühungen, zu überzeugen oder zu drängen, nichts erreichen, noch sind sie von irgendwelchem Nutzen für die Bewältigung der behandelten Dinge, sondern beschleunigen im Gegenteil eher den Untergang derjenigen, denen sie ihren Rat aufdrängen. Kaum jedoch sind die Übel eingetreten, die sie geweissagt haben, werden sie als Propheten und Männer von weiser Voraussicht gepriesen. Dafür haben wir in Marcus Portius Cato Uticensis [2] ein herausragendes Beispiel, der den Untergang seines Vaterlandes und die auf ihn folgende Tyrannis durch die Einigkeit und den späteren Streit zwischen Pompeius und Caesar wie von einem Aussichtsturm aus lange vorhergesehen und durch ein Orakel geweissagt hatte, gleichzeitig aber nichts Gutes tat, sondern der Gemeinschaft eher Schaden zufügte und den Niedergang seines Vaterlandes beschleunigte. Dies wurde von Marcus Tullius Cicero weise beobachtet und in einem Brief an einen Freund elegant beschrieben: »Cato optime sentit, sed nocet interdum Reipublicae: loquitur enim tanquam in Republica Platonis, non tanquam in faece Romuli.« [3]

II. Typhon oder der Rebell

Die Dichter erzählen uns, Juno sei wütend darüber gewesen, daß Jupiter die Pallas allein, ohne ihre Hilfe, zur Welt gebracht hatte, und habe deshalb alle Götter und Göttinen angefleht, auch sie möge ohne Jupiters Hilfe gebären. Nachdem sie ihnen dies mit Ungestüm und beharrlichen Bitten abgerungen hatte, schlug sie auf die Erde, die bebend Typhon hervorbrachte, ein gewaltiges und entsetzliches Monster. Sie gab ihn als Pflegesohn zu einer Schlange, die ihn aufzog. Sobald er herangewachsen war, begann er, Krieg gegen Jupiter zu führen. In diesem Konflikt nahm er Jupiter gefangen und brachte ihn auf seinen Schultern an einen entfernten und dunklen Ort, wo er ihm die Sehnen der Hände und Füße herausschnitt, sie versteckte und Jupiter hilflos und verstümmelt zurückließ. Merkur jedoch stahl Typhon die Sehnen und setzte sie Jupiter wieder ein. Als Jupiter seine Stärke wiedererlangt hatte, griff er das Monster erneut an. Zuerst brachte er ihm mit seinem Blitz eine Wunde bei, aus deren Blut Schlangen hervorsprangen, und als Typhon zurückwich und floh, schleuderte Jupiter den Ätna auf ihn, durch dessen Gewicht er zermalmt wurde.

Diese Sage scheint erdacht worden zu sein, um das wechselvolle Schicksal von Königen und die Rebellionen, die sich von Zeit zu Zeit in Monarchien ereignen, darzustellen. Denn Könige und ihre Königreiche sind eigentlich wie Jupiter Mann und Frau. Manchmal geschieht es jedoch, daß der König, verdorben durch die lange Gewohnheit zu herrschen, sich in einen Tyrannen verwandelt, alles an sich reißt und sich nicht um die Ratschläge seines Adels und seines Senates kümmert, sondern alles aus sich selbst hervorbringt, d. h. aus eigener Willkür und absoluter Herrschaft regiert. Dies empört das Volk und veranlaßt es zu versuchen, sich ein eigenes Haupt aus seiner Mitte zu schaffen und einzusetzen. Solche Pläne nehmen in den meisten Fällen mit heimlicher Aufwiegelung durch die Pairs und den Adel ihren Anfang, mit deren stillschweigendem Einverständnis ein Versuch unternommen wird, das Volk aufzuhetzen. Woraus dann eine Gärung im Staate entsteht, die durch Typhons Kindheit versinnbildlicht wird. Dieser Zustand wird durch die natürliche

Verderbtheit und die bösartige Veranlagung des gemeinen Volkes (das für Könige wie giftige Schlangen ist) genährt. Nachdem die Abtrünnigen ihre Kräfte gesammelt haben, bricht schließlich eine Rebellion aus, welche für König und Volk gleichermaßen unendliche Übel bringt und daher durch die grauenhafte Gestalt Typhons versinnbildlicht wird. Seine hundert Köpfe deuten die zersplitterte Macht (divisas potestates) an, sein feuerspeiender Schlund die Verwüstungen durch das Feuer, sein Schlangengürtel die Seuchen (die sich besonders bei Belagerungen verbreiten), seine eisernen Hände Massaker, seine Adlerkrallen Plünderungen, sein gefiederter Leib ständige Gerüchte, Meldungen, Unruhe usf. Und manchmal werden diese Rebellionen so mächtig, daß der König gezwungen ist, so, als ob er auf den Schultern der Rebellen hinweggetragen würde, auf seinen Thron und die ersten Städte seines Reiches zu verzichten, seine Kräfte zusammenzuziehen und sich in eine abgelegene und finstere Gegend seines Reiches zurückzuziehen, und so geht er der beiden Sehnen seiner Herrschaft, Geld (pecunia) und Souveränität (majestas), verlustig. Wenn er sein Schicksal jedoch weise trägt, wird er seine Sehnen durch Merkurs Tugend und Fleiß zurückzuerhalten, also durch Güte, weise Edikte und huldvolle Worte die Herzen seiner Untertanen versöhnen und in ihnen die Bereitschaft erwecken, ihm Unterstützung zuzusagen und so die Kraft seiner Autorität wiederzuerlangen. Dennoch wird ein kluger und vorsichtiger König im allgemeinen nicht bereit sein, sein Glück herauszufordern und eine offene Schlacht zu wagen, sondern zunächst versuchen, das Ansehen der Empörer zu untergraben. Wenn ihm dies gelingt und sich die Rebellen geschwächt fühlen und das Vertrauen in ihre Sache verlieren, nehmen sie zunächst Zuflucht zu kraftlosen und leeren Drohungen, die dem Gezische von Schlangen vergleichbar sind. Wenn sie ihre Sache ganz verloren geben, suchen sie ihr Heil in der Flucht, und wenn sie dann beginnen auseinanderzufallen, ist für den König der Zeitpunkt gekommen, sie mit den gesamten Truppen und Streitkräften seines Reiches zu verfolgen und gleichsam mit dem Ätna zu zermalmen.

III. Die Zyklopen oder die Minister des Schreckens

Die Sage erzählt, daß die Zyklopen zunächst von Jupiter wegen ihrer Wildheit und Grausamkeit in den Tartarus geworfen und zu ewiger Haft verdammt worden sind, später jedoch Tellus Jupiter überzeugte, daß es in seinem Interesse sei, sie freizulassen, damit sie Donnerkeile für ihn schmiedeten. Dies tat Jupiter, und sie schmiedeten mit unermüdlichem Fleiß, unter unaufhörlichem, entsetzlichem Dröhnen Donnerkeile und andere Schreckenswerkzeuge für ihn.

Einige Zeit später geschah es, daß Jupiter Äskulap, dem Sohn Apollos, zürnte, weil dieser mit seiner Heilkunst einen Toten wiedererweckt hatte; da dies jedoch eine fromme und hervorragende Tat war, die keinen Unwillen rechtfertigen konnte, verbarg er seinen Zorn und hetzte heimlich die Zyklopen gegen ihn auf, die ihn ohne Zögern sogleich mit ihren Donnerkeilen erschlugen, wofür Apollo sie, mit Jupiters stillschweigendem Einverständnis, aus Rache mit seinen Pfeilen erschoß.

Diese Sage scheint sich auf das Handeln von Königen zu beziehen, die grausame, blutrünstige und das Volk auspressende Minister zunächst absetzen und bestrafen, sie dann jedoch, auf den Ratschlag des Tellus hin, d. h. niederer und ehrloser Ratgeber, und weil sie vorzüglich auf ihren eigenen Nutzen schauen, wieder in ihre Ämter einsetzen, damit sie ihnen bei der unnachsichtigen Anwendung von Gesetzen oder bitteren Steuererhebungen dienen. Diese wiederum widmen sich, von Natur aus grausam, durch ihr früheres Schicksal erbittert und im Bewußtsein dessen, was von ihnen erwartet wird, dieser Aufgabe mit unermüdlichem Eifer, bis sie eines Tages durch mangelnde Vorsicht und im Übereifer, sich einzuschmeicheln (indem sie ein Zunicken oder ein zweideutiges Wort ihres Fürsten als Auftrag verstehen), eine verabscheuenswürdige Tat begehen. Um den Haß von sich abzulenken und wohl wissend, daß es ihm an solchen Werkzeugen niemals mangeln wird, läßt der Fürst sie daraufhin fallen und überläßt sie dem Gang der Gesetze, den Freunden und Verwandten ihrer Opfer oder dem Volkszorn. So wird ihnen, unter Beifall, großem Lob und Segenswünschen für den Fürsten, eher zu spät als unverdient, ihr Lohn zuteil.

IV. Narziß oder die Eigenliebe

Von Narziß heißt es, er sei unvergleichlich anmutig und schön, aber unerträglich stolz und geringschätzig gewesen. Selbstgefällig und alle anderen verachtend, führte er ein einsames Leben in den Wäldern mit einigen wenigen Gefährten, denen er alles bedeutete. Daneben begleitete ihn, wohin er auch ging, die Nymphe Echo. Bei dieser verhängnisvollen Lebensweise geschah es eines Tages, daß er in der Mittagshitze zu einer klaren Quelle kam, bei der er sich niederlegte, um zu rasten. Als er sein eigenes Bild im Wasser erblickte, verfiel er darüber in solche Selbstbetrachtung (contemplatio sui) und solch ekstatische Selbstbewunderung, daß er sich nicht von der Quelle losreißen konnte und wie angewurzelt sein Abbild anstarrte, bis ihn die Sinne verließen und er sich schließlich in jene Blume verwandelte, die seinen Namen trägt, eine Blume, die im zeitigen Frühjahr blüht und den Göttern der Unterwelt – Pluto, Proserpina und den Furien – geweiht ist.

Diese Sage scheint die Anlagen und das Schicksal derjenigen zu beschreiben, die wegen ihrer Schönheit oder einer anderen Gabe, die ihnen die Natur ohne ihr eigenes Zutun verliehen hat, so sehr in sich selbst verliebt sind, daß sie daran zugrunde gehen. Mit diesem Gemütszustand (animi statu) verbindet sich meist die Unlust, in der Öffentlichkeit zu erscheinen oder sich an öffentlichen Angelegenheiten zu beteiligen, denn ein solches Leben müßte sie notwendig zahlreichen Mißachtungen und Geringschätzungen aussetzen, die ihre Seele niederschlagen und betrüben würden. Daher führen sie im allgemeinen ein abgesondertes, privates und abgeschirmtes Leben (vitam solitariam et privatam et umbratilem), umgeben nur von einem kleinen Kreis auserlesener und hingebungsvoller Bewunderer, die allem, was sie sagen, wie ein Echo zustimmen und ihren Worten willfährig Folge leisten, bis sie durch solche Gewohnheiten allmählich verdorben und aufgeblasen und schließlich trunken vor Selbstbewunderung werden und in solche Trägheit und Teilnahmslosigkeit verfallen, daß sie endlich vollkommen verblöden und sämtliche Lebenskraft und allen Eifer verlieren. Und es war ein schöner Gedanke, eine Frühlingsblume als Emblem solcher Charaktere zu wählen:

Charaktere, die in ihrer Jugend blühen und Aufmerksamkeit erregen, in der Reife aber die in sie gesetzen Erwartungen enttäuschen. Daß diese Blume den Göttern der Unterwelt geweiht ist, weist auf denselben Punkt hin, denn Menschen von solcher Veranlagung erweisen sich in jeder Beziehung als nutzlos, und alles, was keine Früchte trägt oder wie ein Schiff durch das Meer fährt, ohne Spuren zu hinterlassen, war bei den Alten den Göttern des Schattenreichs und der Unterwelt geweiht.

V. Styx oder die Verträge

Der Eid, bei dem die Götter schworen, wenn sie etwas so festlegen wollten, daß es niemals widerrufen werden konnte, ist eine bekannte Sache und findet sich in nahezu jeder Sage. Bei diesem Eid schworen sie nicht auf irgendeine himmlische Gottheit oder eine göttliche Eigenschaft, sondern allein auf den Fluß Styx, der mit zahlreichen Windungen den unterirdischen Palast Plutos umfloß. Allein und ausschließlich dieser Eid wurde für bindend und unverletzlich gehalten, denn die Strafe für den Bruch dieses Eides war die bei den Göttern meistgefürchtete, nämlich der mehrjährige Ausschluß des Vertragsbrüchigen von der Tafel der Götter.

Diese Sage scheint sich auf die Verträge und Pakte von Fürsten zu beziehen, von denen nur allzu wahr ist, daß man ihnen kaum trauen kann, durch welch feierlichen und heiligen Eid sie auch bekräftigt sein mögen, denn in Wirklichkeit werden diese mehr wegen des Ansehens, des Ruhms und der Zeremonien als wegen des Vertrauens, der Sicherheit und der Wirksamkeit geschworen. Und selbst wenn sie durch verwandtschaftliche Beziehungen (die wie Eide der Natur sind) und gegenseitige Dienste verstärkt werden, sind sie in den meisten Fällen zu schwach gegenüber Ehrgeiz, Interesse und Machtgier, um so mehr, als die Fürsten (die niemandem Rechenschaft schulden) immer genügend plausible Vorwände finden können, um ihre Begierden und üblen Absichten zu rechtfertigen und zu bemänteln. Es gibt daher nur eine wahre und wirksame Verbürgung des Vertrauens, und das ist keine himmlische Gottheit: Es sind Notwendigkeit (necessitas) (den Mächtigen eine große Gottheit), Gefährdung des Staates (periculum status) und gemeinsamer Nutzen (communicatio utilitatis). Die Notwendigkeit wird durch die Gestalt des Styx, jenen verhängnisvollen Fluß, hinter den es kein Zurück gibt, elegant dargestellt. Er war es auch, den Iphikrates von Athen[4] zur Verbürgung von Verträgen anrief, und da er aussprach, was die meisten Menschen denken, aber für sich behalten, sind seine Worte wert, wiedergegeben zu werden. Als er sah, daß die Lakedaimonier zahlreiche Garantien, Sanktionen, Sicherheiten und Verpflichtungen ersannen und vorbrachten, unterbrach er sie mit den Worten: »Unum Lacaedemonii, nobis vobiscum vinculum, et securitatis ratio esse possit, si plane demonstretis, vos ea nobis concessisse, et inter manus posuisse, ut vobis facultas laedendi nos si maxime velletis minime suppetere possit.«[5] Wenn also die Mittel, Schaden zuzufügen, genommen sind oder wenn ein Bruch des Vertrages die Existenz oder die Einheit des Staates gefährden würde, dann kann der Vertrag als mit stygischem Eid ratifiziert, sanktioniert und verbürgt betrachtet werden, denn dann droht er dem Vertragsbrüchigen an, von der Tafel der Götter ausgeschlossen zu werden, womit im Altertum die Rechte und Vorrechte der Herrschaft, Reichtum und Glück gemeint waren.

VI. Pan oder die Natur[6]

Die Alten haben in der Gestalt Pans das natürliche Universum (universam naturam) genau beschrieben. Seine Herkunft belassen sie im ungewissen, einige sagen, er sei der Sohn Merkurs gewesen, andere wiederum schreiben ihm eine völlig andere Herkunft zu und behaupten, er sei der promiskuitiven Beziehung Penelopes mit allen ihren Freiern entsprungen und also deren gemeinsamer Sprößling. Der Name Penelopes ist hier jedoch zweifellos von späteren Dichtern in die ursprüngliche Sage eingefügt worden. Die Übertragung älterer Geschichten auf spätere Personen und Namen kam häufig vor, auch wenn sie, wie in diesem Fall, absurd und geschmacklos war, denn Pan war einer der ältesten und lange vor der Zeit des Odysseus bekannten Götter, und Penelope wurde von den Alten wegen ihrer ehelichen Treue verehrt. Es gibt jedoch noch eine dritte Darstellung von Pans Abkunft, die nicht übergangen werden sollte: Einige haben ihn als den Sohn Jupiters und der Hybris, der Schande, bezeichnet. Was auch seine Herkunft sein mag, so galten jedenfalls die Parzen als seine Schwestern.

Die Gestalt Pans wird in der antiken Überlieferung folgendermaßen beschrieben: Er hatte Bockshörner, deren Spitzen bis in den Himmel reichten, sein ganzer Körper war struppig und zottig, sein Bart besonders lang. Er war von zweiförmiger Gestalt, die obere Hälfte war menschlich, die untere tierisch und endete in Bocksfüßen. Als Zeichen seiner Macht trug er in seiner Linken eine siebenröhrige Flöte, in seiner Rechten einen gebogenen Hirtenstab und war in einen Umhang aus Leopardenfell gehüllt. Die ihm zugeschriebenen Eigenschaften und Ämter waren folgende: Er war der Gott der Jäger, der Schafhirten und der Landbevölkerung im allgemeinen, er war auch der Schutzgott (praeses) der Berge und nach Merkur der Bote der Götter. Überdies galt er als der Anführer und Gebieter der Nymphen, die immer um ihn herumtanzten und -sprangen. Auch die Satyrn und die älteren Silenen begleiteten ihn. Daneben hatte er die Macht, plötzliche Schrecken einzujagen, besonders grundlose und auf Aberglauben beruhende, die daher panische Schrecken genannt werden.

Es werden nur wenige Taten von ihm berichtet: Die größte darunter ist, daß er Cupido zum Ringkampf herausforderte und von ihm geschlagen wurde. Daneben wird berichtet, er habe den Giganten Typhon in einem Netz gefangen und festgehalten. Außerdem wurde berichtet, er habe Ceres, als diese sich aus Schmerz und Entrüstung über den Raub der Proserpina versteckt hielt und von allen Göttern verzweifelt überall gesucht wurde, zufällig beim Jagen entdeckt und den anderen ihren Aufenthaltsort verraten. Er besaß auch die Kühnheit, Apollo zum musikalischen Wettkampf herauszufordern, und wurde nach dem Urteil des Midas zum Sieger ernannt, wofür diesem zur Strafe ein Paar Eselsohren aufgesetzt wurden, freilich so, daß man sie nicht sehen konnte. Von Pan werden keine oder nur sehr wenige Liebschaften berichtet, was bei einer Schar so liebestoller Götter sonderbar anmutet. Das einzige, was von ihm in dieser Hinsicht berichtet wird, ist seine Liebe zu Echo, die auch für seine Gattin gehalten wurde, und zu einer Nymphe namens Syrinx, für die ihn der erzürnte Cupido zur Strafe für die freche Herausforderung zum Ringkampf entflammte. Pan hatte auch keine Nachkommen (was ebenfalls merkwürdig ist, wenn man bedenkt, wie bemerkenswert fruchtbar insbesondere die männlichen Götter waren), außer einer Tochter, einer kleinen Dienstmagd namens Jambe, die die Gäste mit ihren lächerlichen Geschichten zu unterhalten pflegte und von einigen für den Sproß aus seiner Verbindung mit der Nymphe Echo gehalten wurde.

Diese Sage ist vielleicht die erhabenste von allen, und sie ist prall gefüllt mit den Geheimnissen und Mysterien der Natur. Pan verkörpert, wie der Name schon sagt, die Gesamtheit der Dinge oder die Natur. Über seinen Ursprung gibt es nur zwei Meinungen: Entweder ist er ein Sprößling Merkurs, d. h. des göttlichen Wortes (eine Meinung, die für die Heilige Schrift außer Frage steht und von allen gotterleuchteten Philosophen vertreten wird) oder des ungeordneten Samens der Dinge. Denn diejenigen, die alle Dinge aus einem einzigen Prinzip ableiten, nehmen als solches entweder Gott oder ein materielles Prinzip, dem sie die Kraft zum Vielfältigen (potentia varium) zuschreiben. Die Gegensätze in diesem Punkt sind also darauf reduzierbar, daß die Welt entweder aus Merkur oder aus allen Freiern der Penelope hervorgegangen ist.

> »Namque canebat uti magnum per inane coacta
> Semina terrarumque animaeque marisque fuissent
> Et liquidi simul ignis; ut his exordia primis
> Omnia et ipse tener mundi concreverit orbis.«[7]

Die dritte Darstellung von Pans Abkunft läßt vermuten, daß die Griechen durch die Ägypter oder auf andere Weise etwas über die hebräischen Mysterien gehört haben, denn sie bezieht sich nicht auf den Zustand der Welt bei ihrem Ursprung, sondern nach dem Sündenfall Adams, als sie dem Tod und der Verderbtheit anheimgefallen war. Denn dieser Zustand war und bleibt der Sprößling Gottes und der Sünde. Daher können alle drei Darstellungen der Abkunft Pans (wenn sie bei genauer Unterscheidung der Fakten und Zeiten verstanden werden) in der Tat als richtig betrachtet werden. Denn jener Pan, den wir allzusehr beobachten, betrachten und verehren, entstammt dem Wort Gottes durch das Medium der verworrenen Materie (confusa materia) – die selbst Gottes Schöpfung ist – und dem Eintreten der Sünde und der Verderbtheit. Die Parzen werden zu Recht als Pans Schwestern betrachtet, denn das Entstehen und die Dauer, die Verderbtheit, der Niedergang und die Auflösung, das Herausragende, die Mühen und das Glück, kurzum alles, was irgendeiner Sache geschehen kann, ist mit der Kette aller natürlichen Ursachen verknüpft. Hörner werden ihm zugeschrieben, weil Hörner unten breit sind und nach oben spitz zulaufen, denn die gesamte Natur läuft wie eine Pyramide nach oben spitz zu. Denn die Individuen sind zahlreich, diese sammeln sich zu Gattungen, diese zur höheren Stufe der Genera, diese wieder zu der der Generalia, bis schließlich die Natur, die sich aufsteigend zusammenzieht, sich in einem Punkt zusammenzuziehen scheint. Es ist auch nicht verwunderlich, daß Pans Hörner bis in den Himmel hinaufreichen, da die Gipfel der Natur oder die universalen Ideen in gewisser Weise bis zu Gott hinaufreichen, denn von der Metaphysik bis zur natürlichen Theologie ist es nur ein kurzer und bequemer Weg.

Pans Körper wird sehr schön und richtig als vollkommen behaart beschrieben, entsprechend den Strahlen, die von allen Gegenständen ausgehen, denn Strahlen sind wie die Haare oder Borsten der Natur und sind mehr oder weniger jedem Gegenstand eigen. Dies zeigt sich besonders in der Sehkraft, bei allen magnetischen Kräften und überhaupt allem, was auf Distanz wirkt: Denn von allem, was eine Fernwirkung hat, kann zu Recht gesagt werden, daß es Strahlen aussendet. Daher ist Pans Bart am längsten, denn die Strahlen der Himmelskörper wirken und durchdringen von einer größeren Entfernung als alles andere. Außerdem sehen wir, daß die Sonne, wenn ihre obere Hälfte von einer Wolke bedeckt wird und die Strahlen darunter hervorbrechen, wie ein bärtiges Gesicht erscheint.

Daneben wird die Natur in Anbetracht der Unterschiede zwischen höheren und niederen Wesen sehr richtig als zweigestaltig beschrieben. Die höheren und göttlichen Teile werden wegen ihrer Schönheit und der Gleichmäßigkeit und Regelmäßigkeit ihrer Bewegungen sowie wegen des Einflusses, den sie auf die Erde und alles, was zu ihr gehört, ausüben, angemessen durch die menschliche Gestalt verkörpert, während die anderen wegen der Ungeordnetheit und Unregelmäßigkeit ihrer Bewegungen und weil sie von den Himmelskörpern abhängig sind, sich mit der Gestalt eines Tieres begnügen müssen. Dieselbe Beschreibung des zweigestaltigen Körpers gilt auch für die Mischung der Gattungen miteinander. Denn es scheint keine einfachen Naturwesen zu geben, vielmehr scheint jedes an einem anderen teilzuhaben und aus zweien zusammengesetzt zu sein. So hat der Mensch etwas vom Tier, das Tier etwas von der Pflanze, die Pflanze etwas von den unbelebten Körpern. Somit sind alle Dinge in Wahrheit zweigestaltig und aus einer höheren und einer niederen Gattung zusammengesetzt. Auch in der Bocksfüßigkeit Pans liegt eine besonders tiefsinnige Allegorie, die sich auf die Aufwärtsbewegung aller irdischen Körper zu den luftigen und himmlischen Höhen bezieht, denn die Ziege ist ein Klettertier, das es liebt, Felsen und Abgründe zu erklimmen. Diese Neigung zeigt sich auch in wundervoller Weise bei den Dingen, die eindeutig zu dieser niederen Welt gehören, bei Wolken und Meteoren.

Die Embleme, die Pan in seinen Händen hält, sind zweifacher Art: Das eine ist ein Sinnbild der Harmonie, das andere ein Sinnbild der Herrschaft. Die aus sieben Schilfrohren zusammengesetzte Flöte bezeichnet offensichtlich den Einklang und die Harmonie der Dinge oder die Mischung aus Einklang und Mißklang (Zusammenwirken entgegengesetzter Kräfte), was aus der Bewegung der sieben Planeten herrührt. Auch der Hirtenstab ist eine edle Metapher, denn er bezeichnet die Mischung aus geraden und gekrümmten Wegen in der Natur. Der Stab ist daher besonders an seinem oberen Ende gebogen, denn das Wirken der göttlichen Vorsehung in der Welt geschieht auf gewundenen Wegen und Umwegen – wo eine Sache bewirkt zu sein scheint, während gerade das Gegenteil der Fall ist –, wie etwa beim Verkauf Josephs nach Ägypten u. ä. So verhält es sich auch bei allen weisen menschlichen Regierungen, in denen diejenigen, die das Steuer in der Hand halten, das, was sie für das Wohl des Volkes wünschen, mit List und auf indirektem Wege leichter einführen und einschmuggeln können als auf direktem Wege. Daher haben in Wirklichkeit alle Zepter eine gekrümmte Spitze. Ebenso sinnreich ist die Erfindung, daß Pans Mantel oder Umhang aus einem

Leopardenfell besteht. Denn wie das Leopardenfell gefleckt ist, so ist der Himmel mit Sternen gesprenkelt, die Meere mit Inseln, die Erde mit Blumen; und selbst einzelne Gegenstände haben im allgemeinen eine gesprenkelte Oberfläche, die einem Mantel gleicht. Das Amt Pans wiederum hätte nicht lebendiger vorgestellt werden können als dadurch, daß man ihn den Gott der Jäger nennt, denn jede natürliche Tätigkeit, jede Bewegung und jeder Fortschritt ist nichts anderes als eine Jagd. So jagen die Wissenschaften und Künste ihren Werken nach, alle menschlichen Vereinigungen ihren Zielen, und alles, was in der Natur ist, jagt entweder nach Nahrung, was der Jagd nach Gewinn gleicht, oder nach seinem Vergnügen, was der Jagd als Trost (solatium) gleicht, und zwar auf sachkundige und scharfsinnige Weise.

»Torva Leana Lupum sequitur, Lupus ille Capellam:
Florentem Cythisum sequitur lasciva Capella.«[8]

Daneben ist Pan auch der Gott der Landbevölkerung, denn diese Menschen leben naturgemäßer als die Menschen in den Städten und an den Höfen, wo die Natur durch allzuviel Verfeinerung (cultus) korrumpiert ist. Daher mag der Liebesdichter (poeta amatorium[9]) recht haben, wenn er sagt:

»Pars minima est ipsa puella sui.«[10]

Daher wird Pan auch besonders der Beschützer der Berge genannt, denn von Bergen und erhöhten Aussichtspunkten ist die Natur der Dinge (natura rerum) am ausgebreitetsten und bietet sich dem Blick und der Erkenntnis am offensten dar.

Neben Merkur dient Pan den Göttern als Bote, und darin liegt eine klare göttliche Allegorie, denn nach dem Wort Gottes ist das Bild der Welt selbst Verkünder der göttlichen Macht und Weisheit. Denn so spricht der Psalm: »Coeli enarrant gloriam Dei, atque opera manuum eiius indicat firmamentum.«[11] Auch erfreut sich Pan an den Nymphen, d. h. an den Seelen, denn die Seelen der Lebenden sind die Freude der Welt. Pan wird zu Recht ihr Anführer genannt, denn jede Seele folgt der Führung ihrer jeweiligen Natur, um die sie in unendlicher Vielfalt jede nach ihrer Art in unaufhörlicher Bewegung herumtanzen und herumspringen. Satyrn und Silenen, d. h. Alter und Jugend, sind ihre ständigen Begleiter, denn jedes Geschöpf hat seine heitere und tanzende Zeit, aber auch seine schwerfällige und schwankende Zeit. Und wer es recht betrachtet, wie Demokrit, dem werden die Bestrebungen einer jeden Zeit lächerlich und grotesk erscheinen, ganz wie die Gebärden der Satyrn und Silenen.

In den panischen Schrecken wird eine äußerst weise Lehre vermittelt: daß nämlich die Natur in alle Lebewesen eine gewisse Furcht und einen gewissen Schrecken hineingelegt hat, deren Aufgabe es ist, ihr Leben und ihr Wesen zu bewahren und heraufkommende Übel zu vermeiden und abzuwehren. Aber dieselbe Natur weiß nicht rechtes Maß zu halten, sondern vermischt stets nützliche mit eingebildeten und leeren Schrecken, so daß alle Geschöpfe, wenn man in ihr Herz schauen könnte, voller panischer Schrecken erscheinen würden, vor allem diejenigen, die unter Aberglauben leiden (der in Wahrheit nichts anderes als panische Furcht ist) und besonders in harten, unruhigen und widrigen Zeiten.

Pans Dreistigkeit, Cupido zum Kampf herauszufordern, bezieht sich auf die der Materie innewohnende gewisse Neigung und das Verlangen, die Welt aufzulösen und wieder in ihr ursprüngliches Chaos zurückzufallen, wenn nicht die übermächtige Eintracht der Dinge (concordia rerum) (die von Amor oder Cupido repräsentiert wird) ihre Schlechtigkeit und ihren Drang in diese Richtung beschränken und sie zur Ordnung zurückführen würde. Und daher ist es für die Menschen und die Welt gut, daß Pan in diesem Kampf besiegt wurde. Auf denselben Punkt weist der Fang Typhons in einem Netz hin, denn welche gewaltigen und außergewöhnlichen Aufwallungen (was Typhon eigentlich bedeutet) sich auch manchmal in der Natur ereignen mögen, sei es des Meeres, der Wolken, der Erde oder jedes anderen Körpers, so verwickelt und begrenzt doch die Natur solche Maßlosigkeiten und Unregelmäßigkeiten wie in einem unentwirrbaren Netz und fesselt sie wie mit einer ehernen Kette.

Die Geschichte von der Auffindung der Ceres, die diesem Gott zufällig bei der Jagd vorbehalten war, während sie allen anderen Göttern, so eifrig und bemüht sie sie auch suchten, verwehrt blieb, enthält eine sehr richtige und weise Mahnung: Die Entdeckung der für das Leben und seine Einrichtung nützlichen Dinge, wie etwa des Getreides, darf nämlich nicht von den abstrakten Philosophien, gleichsam den höheren Göttern, erwartet werden, auch wenn sie ihre gesamte Kraft darauf verwenden, sondern nur von Pan, d. h. von scharfsinnigen Versuchen und der allgemeinen Kenntnis der Natur, die häufig zufällig, als sei sie auf der Jagd nach anderen Dingen, über solche Entdeckungen stolpert.

Der musikalische Wettstreit mit Apollo und sein Ausgang vermittelt eine ebenso gesunde Lehre, die geeignet ist, den Hochmut und die anmaßende Selbstüberschätzung des menschlichen Verstandes und der Urteilskraft auf ein bescheideneres Maß zurückzuführen. Denn es scheint, als gäbe es zwei Arten von Harmonie und Musik: eine der göttlichen Vorsehung und eine des menschlichen Verstandes (providentia divina/ratio humana). Dem menschlichen Urteil wie den Ohren der Sterblichen klingen die Verwaltung der Welt und der Dinge sowie die geheimeren göttlichen Urteile manchmal schroff und dissonant, und wenn sich hierin auch eine Ignoranz zeigt, die es verdient, mit Eselsohren ausgezeichnet zu werden, so werden diese Ohren doch heimlich und nicht vor aller Welt getragen – denn es ist vom gemeinen Volk weder wahrgenommen noch bemerkt worden.

Schließlich ist es nicht verwunderlich, daß Pan, abgesehen von seiner Vermählung mit der Nymphe Echo, keine Liebschaften zugeschrieben werden. Denn die Welt erfreut sich an sich selbst und an allen Dingen, die in ihr sind. Wer liebt, begehrt etwas, wo es aber alles im Überfluß gibt, hat die Begierde keinen Platz. Daher kann die Welt, die sich selbst genügt, keine Liebschaften oder Begierden haben, es sei denn die nach Unterhaltung. Und dies sind die Nymphen Echo oder, wenn die Sprache genauer ist, Syrinx. Von allen Unterhaltungen und Stimmen paßt keine besser zur Welt als Echo, denn nur sie ist die wahre Philosophie, die getreulich die Worte der Welt wiederholt und genau das niederschreibt, was die Welt ihr diktiert, und tatsächlich ist sie nichts anderes als das Abbild und die Widerspiegelung derselben, die alles wiedergibt und reflektiert, ohne etwas Eigenes hinzuzufügen. Da die Welt sich selbst genügt und vollkommen ist, hat sie auch keine Nachkommen. Die einzelnen Teile pflanzen sich fort, aber wie kann sich das Ganze fortpflanzen, da kein Körper außer ihm selbst existiert? Was schließlich die angebliche Tochter Pans betrifft, so ist dies eine Hinzufügung zur Sage, die nicht ohne Weisheit ist, denn sie stellt jene hohlen und geschwätzigen Lehren über die Natur der Dinge dar, die zu allen Zeiten die Welt erfüllten, für die Dinge selbst jedoch fruchtlos und von niederer Herkunft, wegen ihrer Geschwätzigkeit jedoch manchmal unterhaltend, manchmal freilich auch lästig und aufdringlich waren.

VII. Perseus oder der Krieg[12]

Von Perseus wird erzählt, Pallas habe ihn ausgesandt, um Medusa, die den Völkern in den westlichen Teilen der iberischen Halbinsel schwerste Schäden zugefügt hatte, das Haupt abzuschlagen. Sie war ein so schreckliches und entsetzliches Monster, daß ihr bloßer Anblick jeden zu Stein erstarren ließ. Von den drei Gorgonen war Medusa die einzig sterbliche, während die beiden anderen unverletzlich waren. Bei der Vorbereitung dieses rühmlichen Unternehmens erhielt Perseus von drei verschiedenen Göttern Waffen und Geschenke: Merkur gab ihm Flügel für seine Fersen, Pluto einen Helm und Pallas einen Schild und einen Spiegel. Obwohl er so gut vorbereitet und ausgerüstet war, wandte er sich nicht direkt gegen Medusa, sondern machte einen Umweg, um die Graien, die Schwestern der Gorgonen, zu besuchen. Sie waren schon als alte Weiber mit weißem Haar geboren worden und hatten nur ein gemeinsames Auge und einen Zahn, die sie abwechselnd trugen. Diejenige, die ausging, trug sie und legte sie wieder ab, wenn sie zurückkam. Dieses Auge und diesen Zahn liehen sie nun Perseus, der sich damit zur Durchführung seines Unternehmens für hinreichend gerüstet hielt und nun hastig zu Medusa flog, die er schlafend vorfand. Aus Angst, sie könnte aufwachen, wagte er nicht, sie direkt anzuschauen, sondern zielte mit dem Schwert auf sie, indem er in den Spiegel schaute, und hieb ihr auf diese Weise den Kopf ab. Aus dem Blut, das aus der Wunde strömte, entsprang sogleich der geflügelte Pegasus. Das Medusenhaupt befestigte Perseus am Schild der Pallas, wo es noch immer seine Kraft behielt und jeden, der es anblickte, wie vom Donner gerührt erstarren ließ.

Diese Sage scheint dazu erdacht worden zu sein, die Begründung und Klugheit der Kriegführung zu zeigen. In ihr werden drei gesunde Prinzipien darüber, ob und wie der Krieg zu führen sei, vorgestellt (gleichsam als seien es Ratschläge der Pallas). Das erste ist, daß man nicht allzusehr nach der Unterwerfung benachbarter Nationen trachten sollte, denn für die Vergrößerung von Reichen gelten andere Bedingungen als für die Vergrößerung privater Besitzungen: Bei der Ausdehnung privaten Grundbesitzes muß die Nachbarschaft der Besitzungen berücksichtigt werden, bei der Ausdehnung eines Reiches treten jedoch die Gelegenheit, die Leichtigkeit der Kriegführung und der daraus resultierende Vorteil an die Stelle der Nachbarschaft. Sicher ist, daß die Römer, als sie im Westen kaum bis nach Ligurien vorgedrungen waren, ihrem Reich im Osten Provinzen bis zum Taurusgebirge erobert und einverleibt hatten. Daher lehnte Perseus, obwohl er aus dem Osten stammte, es nicht ab, einen Feldzug zu unternehmen, der ihn in den äußersten Westen führte.

Die zweite Lehre ist, daß der Krieg einen gerechten und ehrenhaften Grund haben muß, denn das erzeugt sowohl bei den Soldaten selbst als auch beim Volk, das die Mittel dafür aufbringen muß, Begeisterung, bahnt den Weg für Allianzen, schafft Verbündete und hat viele andere Vorteile. Nun gibt es keinen gerechteren Grund des Krieges als den Sturz einer Tyrannis, unter deren Joch das Volk seinen Mut verliert und entschluß- und kraftlos darniederliegt, als sei es vom Anblick der Medusa versteinert. Drittens ist weislich hinzugefügt, daß Perseus von den drei Gorgonen (die die Kriege darstellen) diejenige auswählte, die sterblich war, d. h., er wählte einen Krieg, der führbar und gewinnbar war, und verfolgte keine unüberschaubaren und endlosen Ziele. Die Ausrüstung des Perseus war für seinen Kriegszug außerordentlich nützlich und geeignet, das Glück auf seine Seite zu ziehen: Von Merkur erhielt er Schnelligkeit, von Orkus (Pluto) die Fähigkeit, seine Absichten zu verbergen, und von Pallas Voraussicht. Auch die Tatsache, daß die Flügel, die Merkur ihm verlieh, nicht für die Schultern, sondern für die Fersen gedacht waren, entbehrt nicht einer allegorischen Bedeutung und einer weisen dazu, denn Schnelligkeit ist weniger bei den ersten Angriffen vonnöten, als vielmehr bei den folgenden und unterstützenden, denn es gibt keinen häufigeren Fehler in der Kriegführung als den, nachfolgende und unterstützende Angriffe nicht mit dem gleichen Eifer durchzuführen wie die ersten Kriegshandlungen. Die Bedeutung von Plutos Helm, der den Menschen unsichtbar machen kann, ist offenkundig, die zweifache Gabe von Schild und Spiegel enthält jedoch eine kluge Unterscheidung der beiden Arten der Voraussicht. Denn es bedarf nicht nur jener Art der Voraussicht, die wie ein Schild die Schläge abfängt, sondern auch jener anderen, die es (wie der Spiegel der Pallas) ermöglicht, die Kräfte, Bewegungen und Absichten des Feindes auszuspähen. So gut Perseus nunmehr aber auch ausgerüstet zu sein schien, so fehlte ihm doch noch das Wichtigste, um den Kampf aufnehmen zu können: Er mußte den Umweg über die Graien machen. Die Graien aber sind der Verrat, sie sind die Schwestern des Krieges, wenn sie ihm auch nicht ebenbürtig, sondern von niederer Herkunft sind. Denn Kriege sind edel, Verrat jedoch ist herabwürdigend und schändlich. Die Graien werden wegen der ständigen Besorgnis und Unruhe von Verrätern vortrefflich als von Geburt alt und weißhaarig beschrieben. Ihre Stärke liegt (bevor sie zu offenem Aufstand übergehen) entweder in ihrem Auge oder in ihrem Zahn verborgen, denn jede vom Staat abgefallene Faktion beobachtet und beißt. Das Auge und der Zahn gehören gleichsam allen Verrätern gemeinsam, das Auge, weil all ihre Informationen innerhalb der Faktionen zirkulieren und von einem zum anderen weitergegeben werden, der Zahn, weil sie alle mit einem Mund beißen und aus einem Mund sprechen: Wenn man einen von ihnen hört, so hat man alle gehört. Perseus mußte sich daher mit den Graien verbünden, damit sie ihm ihr Auge und ihren Zahn ausliehen, das Auge, um ihm Informationen zu beschaffen, den Zahn, um Gerüchte auszustreuen, Mißgunst zu entfachen und die Herzen der Menschen aufzuwiegeln.

Nachdem dies alles eingerichtet und vorbereitet ist, folgt die Durchführung des Krieges selbst. In diesem fand Perseus die Medusa schlafend vor, denn jeder, der einen Krieg klug führt, überfällt seinen Feind, wenn dieser unvorbereitet ist und sich in Sicherheit wiegt. Dafür wird der Spiegel der Pallas benötigt, denn es gibt viele, die vor der Stunde der Gefahr die Lage ihres Feindes aufmerksam und genau betrachten können, der Spiegel ermöglicht es jedoch im Angesicht der Gefahr, deren Art zu erkennen, ohne aus Furcht vor ihr gelähmt zu werden. Dies wird durch den von Medusa abgewandten Blick in den Spiegel symbolisiert. Der Sieg hat zweierlei Wirkungen: erstens die Zeugung und das Hervorspringen des Pegasus, der offensichtlich für den umherfliegenden, den Sieg verkündenden Ruhm steht; zweitens die Befestigung des Medusenhauptes am Schild, denn es gibt keinen wirksameren Schutz als ein einziges hervorragendes und denkwürdiges Unternehmen, das, glücklich durchgeführt und beendet, sämtliche Bewegungen des Feindes lähmt und selbst die Mißgunst zähmt.

VIII. Endymion oder der Günstling

Es wird berichtet, die Göttin Luna habe sich in den Schäfer Endymion verliebt. Die Liebschaft zwischen den beiden war jedoch ebenso eigenartig wie einzigartig. Denn während Endymion in einer natürlichen Höhle unterhalb der Felsen des Berges Latmus schlief, stieg Luna häufig vom Himmel herab, um sich an seiner Gesellschaft zu erfreuen, und wenn sie ihn geküßt hatte, stieg sie wieder in den Himmel hinauf. Trotz seines Müßiggangs und seiner Trägheit wurde sein Gut nicht geschmälert, denn Luna sorgte in der Zwischenzeit dafür, daß seine Schafe gediehen und sich so außerordentlich vermehrten, daß kein anderer Schäfer fruchtbarere oder größere Herden hatte als er.

Diese Sage bezieht sich auf das Verhalten und die Gewohnheiten von Fürsten. Denn Fürsten, die voller Zweifel und Argwohn sind, unterhalten schwerlich vertrauliche Beziehungen zu neugierigen und aufmerksamen Menschen, deren Geist immer wach ist und niemals schläft, sondern bevorzugen solche, die von stillem und willfährigem Wesen sind und sich ihrem Willen ohne weiteres fügen und sich unwissend und desinteressiert geben, als ob sie schlafen würden. Bei Menschen dieser Art steigen die Fürsten gerne von ihrer Größe herab, so wie Luna vom Himmel, und legen ihre Maske ab, die ihnen zu einer Bürde geworden ist. Dies zeigt sich besonders bei Kaiser Tiberius[13], der äußerst schwierig war und nur diejenigen schätzte, die, obwohl sie ihn sehr wohl kannten, ihr Wissen so weit zu verbergen wußten, daß sie geradezu dumm wirkten. Von derselben Art war auch Ludwig XI. von Frankreich[14], ein überaus mißtrauischer und verschlagener König.

In diese Geschichte paßt auch sehr schön die Höhle Endymions, denn diejenigen, die sich solcherart der Gunst eines Fürsten erfreuen, haben gewöhnlich angenehme Erholungsstätten, wohin sie diese einladen können, damit sie sich an Körper und Geist erholen können, was auch nicht zu ihrem eigenen Nachteil ist. Denn wer auf solche Weise begünstigt ist, dem gehen die Dinge gut voran. Und wenn ihre Fürsten sie auch nicht in hohe Ränge erheben, so bereichern sie sie doch durch ihre Freigebigkeit, da ihre Gunst echter Zuneigung und keinen Nützlichkeitserwägungen entspringt.

IX. Die Schwester der Giganten oder Fama

Die Dichter erzählen uns, daß die Giganten, die von der Erde hervorgebracht worden waren, gegen Jupiter und die übrigen Götter Krieg führten und durch Jupiters Blitze verjagt und vernichtet wurden. Über den Zorn der Götter erbittert, gebar die Erde Fama, die jüngste Schwester der Giganten, die den Tod ihrer Brüder rächen sollte.

> »Illam, terra parens ira irritata Deorum
> Extremam (ut perhibent) Caeo Enceladoque sororem,
> Progenuit.«[15]

Die Bedeutung der Sage scheint folgende zu sein: Die Erde stellt den Charakter des gemeinen Volkes dar, das stets aufrührerisch und böswillig gegenüber seinen Herrschern ist und nach Veränderung trachtet. Sobald sich eine Gelegenheit bietet, bringt sie Rebellen und Aufwiegler hervor, die mit schamloser Unverfrorenheit den Sturz der Fürsten betreiben. Wenn diese niedergehalten werden, bringt derselbe Charakter des gemeinen Volkes, der den politisch Übelwollenden wohlgesonnen und unfähig ist, Ruhe zu ertragen, Gerüchte, boshaftes Geflüster, weinerliches Gerede, Schmähschriften u. ä. hervor, um die Machthaber verhaßt zu machen. Aufwieglerische Gerüchte unterscheiden sich daher von aufrührerischen Handlungen nicht der Art und dem Ursprung nach, sondern nur dem Geschlecht nach: Diese sind weiblich, jene männlich.

X. Actaeon und Pentheus oder die Neugierde

Die Neugier der Menschen, Geheimnisse zu erforschen und das berüchtigte ungesunde Verlangen, sie zu ergründen, wird von den Alten an zwei Beispielen vorgeführt: das eine ist Actaeon, das andere Pentheus. Actaeon, der Diana nichtsahnend und zufällig nackt erblickt hatte, wurde in einen Hirsch verwandelt und von seinen eigenen Hunden in Stücke gerissen. Pentheus, der auf einen Baum kletterte, um die geheimen Bacchusopfer zu beobachten, wurde mit Wahnsinn geschlagen.[16] Er sah fortan alles doppelt: Er sah zwei Sonnen, und auch seine Heimatstadt Theben sah er doppelt, so daß er, als er sich nach Theben begeben wollte, hinter sich ein zweites Theben sah und umkehrte und so unablässig hin- und herlief, ohne jemals anzukommen.

»Eumenidum veluti demens videt agmina Pentheus
Et solem geminum, et duplices se ostendere Thebas.«[17]

Die erste Sage scheint sich auf die Geheimnisse der Fürsten, die zweite Sage auf die göttlichen Mysterien (secreta divina) zu beziehen. Denn wer in die Geheimnisse eines Fürsten ohne dessen Erlaubnis und gegen seinen Willen eindringt, zieht mit Sicherheit seinen Haß auf sich. Weil er nun aber weiß, daß er aufgefallen ist und man nur auf eine Gelegenheit wartet, ihn zu töten, lebt er das Leben eines Hirsches, voller Furcht und Mißtrauen. Es kommt auch häufig vor, daß seine Diener oder sein Gesinde, um sich beim Fürsten beliebt zu machen, ihn beschuldigen und stürzen. Denn wenn die Ungnade seines Fürsten offenkundig ist, wird er kaum einen Diener finden, der ihn nicht verrät. Daher muß er mit dem Schicksal Actaeons rechnen.

Die Strafe des Pentheus ist anderer Art. Denn die Strafe für diejenigen, die mit unüberlegter Frechheit, ihre Sterblichkeit vergessend, danach trachten, von den Gipfeln der Natur und der Philosophie – als ob sie auf einen Baum geklettert wären – in die göttlichen Mysterien einzudringen, ist immerwährende Unbeständigkeit, unzuverlässiges und verworrenes Urteil. Denn das Licht der Natur (lumen naturae) ist etwas anderes als das göttliche Licht (lumen divinum), und so sehen sie gleichsam zwei Sonnen. Und da das praktische Leben (actiones vitae) und die Bestimmungen des Willens von der Erkenntnis abhängen, ist ihr Wille ebenso verworren wie ihre Meinungen, die folglich selbstwidersprüchlich sind. Daher sehen sie, wie Pentheus, zwei Theben, denn Pentheus' Wohn- und Zufluchtsort steht für das Ziel allen Handelns. Und so wissen sie nicht, welchen Weg sie einschlagen sollen, und sind hinsichtlich der höchsten Dinge unschlüssig und schwankend und werden, ganz dem Impuls des Augenblicks gehorchend, von einer Sache zur nächsten getrieben.

XI. Orpheus oder die Philosophie

Die Sage von Orpheus, die zwar weitverbreitet, aber dennoch nicht in jedem Punkt zuverlässig gedeutet worden ist, scheint ein Bild der universalen Philosophie (philosophia universa) darzubieten. Orpheus selbst, ein anbetungswürdiger und wahrhaft göttlicher Mensch und Meister der Harmonie, der mit seinen süßen und lieblichen Weisen alle überwältigte und hinriß, kann als einfache Beschreibung der Philosophie betrachet werden. Denn wie die Werke der Weisheit diejenigen der Stärke an Würde und Kraft übertreffen, so übertreffen die Werke des Orpheus diejenigen des Herkules.

Als Orpheus seine geliebte Gattin durch einen allzu frühen Tod verloren hatte, beschloß er, in den Hades hinabzusteigen, um sie im Vertrauen auf seine Lyra von den Göttern der Unterwelt zurückzuerbitten. Und seine Hoffnungen wurden nicht enttäuscht. Die Götter der Unterwelt waren von der Lieblichkeit seines Gesangs so betört und besänftigt, daß sie ihm erlaubten, sie mitzunehmen. Unter der Bedingung freilich, daß sie hinter ihm gehen müsse und er sich nicht umdrehen dürfe, bis sie das Tageslicht erreicht hätten. In der Ungeduld seiner Liebe und Sorge drehte er sich jedoch, kurz bevor sie den sicheren Ort erreicht hatten, um und verletzte damit die Abmachung: Eurydike wurde wieder in den Hades hinabgestürzt.

Von dieser Zeit an verfiel Orpheus in tiefe Melancholie und haßte alle Frauen. Er zog sich in die Einsamkeit zurück und lockte durch die Lieblichkeit seines Gesangs und seines Spiels zunächst alle Arten wilder Tiere an, welche ihre jeweilige Natur ablegten, all ihren Zorn und ihre Wildheit vergaßen, nicht länger vom Stachel und der Raserei der Wollust getrieben wurden, sich nicht länger darum kümmerten, ihren Hunger zu stillen oder ihre Beute zu erjagen, sondern sich zahm und friedlich wie in einem Theater um ihn versammelten und den Klängen seiner Lyra lauschten. Und das war nicht alles: Die Macht seiner Musik war so groß, daß sie selbst die Bäume und sogar die Steine dazu bewegte, sich regelmäßig und geordnet um ihn herum aufzustellen. Nachdem er so einige Zeit mit gutem Erfolg und unter großer Bewunderung fortgefahren war, kamen jedoch einige von Bacchus aufgestachelte thrakische Frauen zu ihm und stießen in ein so furchtbar klingendes und dumpftönendes Horn, daß wegen des Getöses der Klang seiner Musik nicht mehr zu hören war. Dadurch wurde der Bann gebrochen, der das Band der Ordnung und Gemeinschaft bildete, und es trat erneut Unordnung ein: Die Tiere nahmen wieder ihre ursprüngliche Natur an und jagten einander wie zuvor, die Steine und Bäume blieben nicht an ihrem Ort, und Orpheus selbst wurde schließlich von den wütenden Furien in Stücke gerissen und seine Gebeine über die Erde verstreut. Der den Musen geweihte Fluß Helicon [18] aber barg aus Trauer und Empörung über Orpheus' Tod seine Wasser unter der Erde und kam erst an einem anderen Ort wieder zum Vorschein.

Die Bedeutung der Sage scheint folgende zu sein: Der Gesang des Orpheus ist von zweierlei Art. Zum einen besänftigt er die unterirdischen Mächte, zum anderen zieht er wilde Tiere und Bäume an. Die erste Art kann am besten auf die Naturphilosophie (naturalis philosophia), die zweite auf Ethik [19] und Politik (moralis et civilis philosophia) bezogen werden. Denn die vornehmste Aufgabe der Naturphilosophie besteht in der Wiederherstellung und Erneuerung des Ursprünglichen und (was dasselbe ist, wenn auch auf einer niedrigeren Ebene) der Erhaltung der Körper in ihrem je eigenen Zustand und die Verzögerung der Auflösung und Verwesung. Wenn dies überhaupt erreicht werden kann, dann nur durch angemessene und sorgfältige Mäßigung der Natur, gleichsam durch die Harmonie und den feinen Anschlag der Lyra. Da dies jedoch schwieriger als alles andere ist, wird es selten erreicht, wahrscheinlich aus keinem Grund mehr als durch neugierige und unzeitige Emsigkeit und Ungeduld. Daher wendet sich die Philosophie, was ihr wohl ansteht, wenn sie sieht, daß sie dieser Aufgabe kaum gewachsen ist, voller Schwermut den menschlichen Angelegenheiten zu und richtet ihre Überzeugungskraft und Beredsamkeit darauf, den Herzen der Menschen die Liebe zur Tugend, zur Gleichheit und zum Frieden einzuflößen und die Menschen zu lehren, sich zusammenzuschließen, sich das Joch der Gesetze aufzuerlegen, sich der Herrschaft unterzuordnen und ihre unbeherrschten Leidenschaften zu vergessen, indem sie ihren Lehren lauschen und ihnen Folge leisten. Darauf folgt bald die Errichtung von Häusern, die Gründung von Städten, die Bebauung von Feldern und das Anlegen von Obstgärten, so daß man mit Recht sagen kann, Steine und Bäume hätten ihre Plätze verlassen und sich um die Menschen versammelt. Diese Hinwendung der Philosophie zu öffentlichen Angelegenheiten (res civiles) wird richtig und ordnungsgemäß dem eifrigen Bemühen und der schließlichen Vergeblichkeit dieses Bemühens, den toten Körper wieder zum Leben zu erwecken, nachgeordnet. Denn es ist wahr, daß die Einsicht in die unerbittliche Notwendigkeit des Todes die Menschen dazu bringt, Unsterblichkeit durch Verdienst und Ruhm zu erstreben.

Auch wird in der Geschichte weise hinzugefügt, daß Orpheus den Frauen und der Ehe feindlich gesinnt war, denn die Freuden der Ehe und die Liebe der Menschen zu ihren Kindern halten sie davon ab, dem Gemeinwesen (res publica) große und hervorragende Dienste zu leisten, weil sie damit zufrieden sind, in ihrer Nachkommenschaft und nicht durch ihre Taten Unsterblichkeit zu erlangen.

Aber wenn die Werke der Weisheit auch von allen menschlichen Werken die vorzüglichsten sind, so sind sie doch nicht unvergänglich: Denn wenn Königreiche und Republiken einige Zeit geblüht haben, erheben sich oft Unruhen, Aufstände und Kriege, durch deren Getöse zuerst die Gesetze verstummen, dann die Menschen zu ihrer verdorbenen Natur zurückkehren und eine Verödung des Landes wie der Städte zu beobachten ist. Bald darauf (wenn diese Schrecken anhalten) werden mit Sicherheit auch die Wissenschaften und die Philosophie in Stücke gerissen, so daß man später von ihnen nur einige wenige Trümmer findet, die wie die Planken eines Schiffs nach einem Schiffbruch verstreut sind. Und dann bricht eine Zeit der Barbarei herein, und die Wasser des Helicon verschwinden unter der Erde, bis sie nach einem gebührenden Wechsel der Dinge und vielleicht nicht am selben Ort, sondern in anderen Nationen wieder hervorbrechen und strömen.

XII. Coelum oder die Ursprünge[20]

Die Dichter überliefern uns, daß Coelum der älteste aller Götter war, dem von seinem Sohn Saturn die Geschlechtsteile mit einer Sichel abgeschnitten wurden. Saturn selbst hatte eine zahlreiche Nachkommenschaft, er verschlang jedoch alle seine Söhne, sobald sie geboren waren. Allein Jupiter entging schließlich diesem Schicksal, stürzte, sobald er erwachsen war, seinen Vater Saturn in den Tartarus und riß die Herrschaft an sich. Er schnitt seinem Vater die Genitalien mit derselben Sichel ab, mit der dieser sie Coelum abgeschnitten hatte, und warf sie ins Meer, aus dem dann Venus entsprang. Bevor Jupiter seine Herrschaft gefestigt hatte, mußte er zwei denkwürdige Kriege auf sich nehmen: Der erste war der Krieg gegen die Titanen, bei deren Niederringung ihm die Sonne (der einzige der Titanen, der auf Jupiters Seite stand) hervorragende Dienste leistete, der zweite war der Krieg gegen die Giganten, die von Jupiter mit seinem Donner und seinen Waffen ebenfalls vernichtet wurden. Nachdem er sie bezwungen hatte, herrschte Jupiter unangefochten.

Diese Sage scheint eine rätselhafte Darstellung (aenigma) des Ursprungs der Dinge zu sein, die der später von Demokrit[21] vertretenen Philosophie ähnelt. Demokrit behauptete offener als alle anderen die Ewigkeit der Materie, während er die Ewigkeit der Welt bestritt. Damit kommt er der Wahrheit der Heiligen Schrift nahe, die von der ungeformten Materie vor dem sechstägigen Werk der Schöpfung spricht.[22]

Die Bedeutung der Sage scheint folgende zu sein: Coelum ist der gewölbte Raum oder der Kreis, der die Materie umschließt. Saturn ist die Materie selbst, die ihrem Vater die Zeugungskraft abschneidet, denn die Summe der Materie bleibt sich immer gleich, und das Quantum der Natur nimmt weder ab noch zu. Die Bewegung und die Unruhe der Materie schufen zunächst unvollkommene und falsch zusammengesetzte Dinge, die nicht zusammenhielten – gleichsam Versuche von Welten. Im Laufe der Zeit entstand schließlich ein Werk, das seine Form bewahren und erhalten konnte. Das erste dieser beiden Zeitalter bezeichnet die Herrschaft Saturns, von dem es wegen der fortwährenden Auflösung und der kurzen Dauer der Dinge in seinem Zeitalter hieß, er fresse seine Kinder. Das zweite Zeitalter ist die Herrschaft Jupiters, der diesen fortwährenden und fließenden Wechseln ein Ende bereitete und sie in den Tartarus warf, einen Unordnung kennzeichnenden Ort, der die Mitte zwischen den niedrigsten Teilen des Himmels und dem Inneren der Erde zu halten scheint, wo in erster Linie Verwirrung, Hinfälligkeit, Vergänglichkeit und Verderbtheit herrschen. Solange diese Art der Zeugung unter der Herrschaft Saturns andauerte, konnte Venus nicht geboren werden, denn solange in der Gesamtheit der Materie die Zwietracht stärker als die Eintracht war und über sie herrschte, konnte es keine Veränderung als die des Ganzen geben. Und diese frühere Art der Zeugung dauerte an, bis Saturn entmannt war. Sobald aber diese Art der Zeugung beendet war, folgte ihr sogleich die andere nach, die von Venus hervorgebracht wurde und einem Zeitalter angehörte, in dem die Eintracht der Dinge erstarkte und vorherrschte und Veränderungen sich nur noch in den Teilen vollzogen, während das Ganze unversehrt und unbehelligt blieb. Gleichwohl wird Saturn nur als gestürzt und vertrieben, nicht jedoch als getötet und ausgelöscht beschrieben, denn die Welt konnte jederzeit, wie es die Ansicht Demokrits war, wieder in ihre alte Unordnung und Herrschaftslosigkeit zurückfallen. Lukrez bat darum, daß dies nicht zu seinen Lebzeiten geschehen möge:

»Quod procul a nobis, flectat fortuna gubernans
Et ratio potius, quam res persuadet ipsa.«[23]

Obgleich sich die Welt nun hinsichtlich ihrer Masse und Kraft gefestigt hatte, kehrte zunächst noch keine Ruhe ein. Zuerst folgten bemerkenswerte Unruhen in den himmlischen Regionen, die jedoch von der in diesen Regionen vorherrschenden Sonne so eingeschläfert wurden, daß der Zustand erhalten blieb; später folgten ähnliche Unruhen in den niederen Regionen durch Überschwemmungen, Stürme, Winde und gewaltige Erdbeben. Nachdem diese ebenfalls bezwungen und zerstreut waren, folgte schließlich eine friedlichere und dauerhaftere Harmonie und Eintracht der Dinge.

Es muß freilich hinzugefügt werden, daß in dieser Sage ebensoviel Philosophisches steckt wie Sagenhaftes in jener Philosophie. Denn wir wissen (durch den Glauben), daß solche Spekulationen nichts anderes sind als längst überholte und vergangene Orakel der Sinne, denn in Wahrheit ist die Welt in Materie wie Form das Werk des Schöpfers.

XIII. Proteus oder die Materie

Die Dichter erzählen, daß Proteus der Hirte Neptuns war. Er war ein Greis und in dreifacher Hinsicht ein vortrefflicher Prophet, denn er kannte nicht nur die Zukunft, sondern auch die Vergangenheit und die Gegenwart, so daß er nicht nur die Zukunft vorhersagte, sondern auch das gesamte Altertum und alle Arten von Geheimnissen verkündete und auslegte. Er wohnte in einer gewaltigen Höhle und pflegte jeden Mittag seine Herde Seekälber zu zählen und sich dann schlafen zu legen. Wer in irgendeiner Angelegenheit seine Hilfe in Anspruch nehmen wollte, konnte dies nicht anders erreichen als dadurch, daß er ihm die Hände fesselte, worauf er sich, um sich zu befreien, in alle möglichen eigenartigen Formen und Dinge verwandelte, etwa in Feuer, Wasser, wilde Tiere usw., bis er schließlich seine ursprüngliche Gestalt wieder annahm.

Diese Sage scheint sich auf die Geheimnisse der Natur und die Zustandsformen der Materie (conditiones materiae) zu beziehen, denn in der Person des Proteus wird die Materie – nach Gott das älteste aller Dinge – verkörpert. Die Materie wohnt unter dem gewölbten Himmel wie in einer Höhle. Und sie ist der Diener Neptuns, weil die Tätigkeiten und Gestaltungen der Materie vorzugsweise in flüssigem Zustand bewirkt werden. Das Vieh oder die Herde des Proteus scheint nichts anderes zu sein als die gewöhnlichen Arten von Tieren, Pflanzen und Gesteinen, worin sich die Materie zu ergießen und nahezu aufzuzehren scheint, so daß sie, wenn sie diese Arten gebildet und vollendet hat, zu schlafen scheint (gleichsam, als habe sie ihre Aufgabe erfüllt), ohne sich darum zu bemühen, neue hervorzubringen. Und das ist der Grund, warum Proteus sich schlafen legt, nachdem er seine Herde gezählt hat. Nun heißt es nicht, dies geschehe am Morgen oder am Abend, sondern am Mittag, d. h., wenn die volle und rechte Zeit gekommen ist, die Arten aus der bereits vorbereiteten und vorgeformten Materie zu vollenden und hervorzubringen. Dieser Zeitpunkt ist der mittlere Punkt zwischen ihren ersten Anfängen und ihrem Zerfall. Wie wir aus der Heiligen Schrift wissen, war dies die Zeit der Schöpfung. Denn durch die Kraft des göttlichen Wortes »Producat« fügte sich die Materie nach dem Befehl des Schöpfers, nicht auf ihren eigenen Umwegen, sondern auf ein Mal zusammen, vollendete ihr Werk und brachte die Arten hervor.

Hier endet die Geschichte, was den freien und ungefesselten Proteus mit seiner Herde betrifft. Denn das Universum der Dinge, mit seinen gewöhnlichen Strukturen und der Zusammensetzung der Arten, ist nichts anderes als das Bild der uneingeschränkten und freien Materie mit ihrer Herde. Wenn jedoch irgendein kundiger Diener der Natur eine Kraft auf die Materie wirken läßt, sie fesselt und quält, als wolle er sie vernichten, dann wird die Materie, wenn sie sich einem solchen Zwang ausgesetzt sieht (da ihre Vernichtung und wirkliche Zerstörung nicht möglich ist, außer durch die Allmacht Gottes), sich in eigenartige Gestalten verwandeln, von einem Wandel zum nächsten schreiten, bis sie schließlich den ganzen Kreis durchlaufen und einen Zyklus vollendet hat, um dann wieder, wenn ihr die Kraft dazu verblieben ist, ihre alte Gestalt anzunehmen. Dieser Zwang oder diese Fesselung kann einfacher durchgeführt und erreicht werden, wenn die Materie an den Händen, d. h. an ihren äußersten Teilen, gefesselt wird. Der Zusatz zur Sage, wonach Proteus ein Prophet war, der alle drei Zeiten kannte, stimmt hervorragend mit dem Wesen der Materie überein, denn derjenige, welcher die Zustände, Einflüsse und Verwandlungen der Materie kennen würde, würde zweifellos die Summe und das Ziel (denn ich sage nicht, daß sich sein Wissen auf alle Teile und Einzelheiten erstrecken würde) aller vergangenen, gegenwärtigen und zukünftigen Dinge kennen.

XIV. Memnon oder der Frühreife

Nach den Dichtern war Memnon der Sohn Auroras. Berühmt für die Schönheit seiner Rüstung und vom Volk gefeiert, kam er nach Troja, wo er – hastig und begierig, sich kopfüber in die tollkühnsten Wagnisse zu stürzen – Achill, den tapfersten aller Griechen, zum Kampf herausforderte und von seiner Hand fiel. Aus Mitleid mit seinem Schicksal sandte Jupiter zur Ehrung seiner Bestattung Vögel, die unaufhörlich Trauer- und Klageweisen schrien. Auch habe seine Statue, so heißt es, einen klagenden Ton hervorgebracht, sooft die Strahlen der aufgehenden Sonne sie berührten.

Diese Sage scheint sich auf das unglückliche Ende vielversprechender Jünglinge zu beziehen. Sie sind wie die Söhne des Morgens, die, von eitlem und äußerlichem Glanz verblendet, Unternehmungen wagen, die ihre Kräfte übersteigen; sie provozieren die größten Helden, fordern sie zum Kampf heraus und fallen schließlich in diesem ungleichen Kampf. Ihr früher Tod pflegt unermeßliches Mitleid zu erregen, denn kein tödliches Schicksal ist beklagenswerter und ergreifender als dieses Brechen der Blüte der Tugend vor ihrer Reife, um so mehr, als ihr Leben zu kurz war, um Anlaß zu Überdruß oder Neid zu bieten, die sonst die Trauer über ihren Tod lindern und das Mitleid schmälern würden. Der Jammer und das Wehklagen umfliegt nicht nur wie die Trauervögel bei ihrem Leichenbegängnis ihre Scheiterhaufen, sondern hält noch lange an, und die Sehnsucht nach ihnen wird bei jedem neuen Anlaß, bei jeder neuen Erregung und zu Beginn großer Ereignisse wie von den Strahlen der aufgehenden Sonne erneuert.

XV. Tithonus oder der Überdruß

Von Tithonus wird eine feinsinnige Sage erzählt. Aurora, die ihn liebte und sich immerwährende Gemeinschaft mit ihm wünschte, bat Jupiter darum, ihn unsterblich zu machen. Aus weiblicher Unbedachtsamkeit vergaß sie jedoch, auch um ewige Jugend für ihn zu bitten, so daß er zwar unsterblich wurde, aber ein sonderbares und jämmerliches Alter erlebte, das jenem widerfahren muß, dem das Sterben verwehrt ist, das Alter jedoch immer beschwerlicher wird. Schließlich verwandelte ihn Jupiter aus Mitleid mit seinem Los in eine Heuschrecke.

Die Sage scheint eine treffliche Beschreibung des Genusses zu sein, der zu Anfang, gleichsam am Morgen (der Zeit Auroras), so willkommen ist, daß die Menschen sich wünschen, ihn ewig für sich zu haben, dabei aber vergessen, daß, ehe sie sich versehen, sie Überdruß und Ekel, wie das Alter, befallen werden. So daß die Menschen, der Ausübung des Genusses bereits unfähig, während das Verlangen und die Begierde danach noch immer bestehen, schließlich in die Gewohnheit verfallen, über die Vergnügungen ihrer Jugend zu sprechen und sich daran zu erfreuen, wie man es bei ausschweifenden und wollüstigen Menschen findet, die beständig schamlose Geschichten erzählen, und bei Soldaten, die ewig von ihren Taten erzählen, gleich Heuschrecken, deren Stärke allein in ihrem Gezirpe liegt.

XVI. Junos Freier oder die Schmach

Die Dichter berichten uns, daß Jupiter, wenn er eine Frau zu seiner Geliebten machen wollte, viele verschiedene Gestalten annahm – etwa die eines Stiers, eines Adlers, eines Schwans oder eines Goldregens. Als er jedoch Juno nachstellte, verwandelte er sich in das niedrigste, der Verachtung und Lächerlichkeit preisgegebene Geschöpf, nämlich in einen armseligen, vom Regen durchnäßten und vom Sturm zerzausten, ängstlichen, zitternden, halbtoten Kuckuck.

Dies ist eine weise Sage, und sie ist aus dem Innersten der Sitten (ex intimis moribus) gegriffen. Ihre Bedeutung ist die, daß die Menschen sich nicht vormachen dürfen, das Hervorkehren ihrer Vorzüge würde sie bei jedem in Ansehen und Gunst bringen. Denn das hängt vom Wesen und dem Charakter der verehrten und umworbenen Person ab. Wenn diese Person ohne eigene Gaben und Glanz ist, aber von stolzem und mißgünstigem Wesen (was in der Gestalt der Juno veranschaulicht wird), dann sollten sie wissen, daß sie alles ablegen müssen, was auch nur den Anschein von Ehre oder Würde hat – alles andere wäre völlig töricht. Es genügt auch nicht, die schmachvolle Unterwürfigkeit bloß zu spielen, sondern man muß sich völlig in eine niedrige und verächtliche Gestalt verwandeln.

XVII. Cupido oder das Atom[24]

Was die Dichter von Cupido oder der Liebe berichten, kann eigentlich nicht auf ein und dieselbe Person zutreffen. Die Widersprüche sind jedoch solcherart, daß man sie zurückweisen, die Übereinstimmungen aber übernehmen kann. Es wird berichtet, Cupido sei der älteste aller Götter gewesen, älter als alle anderen Dinge, außer dem Chaos, das gleich alt gewesen sein soll. Das Chaos aber wird von den Alten niemals mit der Ehre oder dem Namen eines Gottes ausgezeichnet. Überdies wird von der Liebe gesagt, sie habe keine Eltern gehabt, nur einige meinen, sie sei einem Ei der Nacht entschlüpft. Sie selbst habe alle übrigen Dinge, einschließlich der Götter, aus dem Chaos hervorgebracht. Vier Eigenschaften werden ihr zugeschrieben: ewige Kindheit, Blindheit, Nacktheit und die Kunst des Bogenschießens. Es gab auch noch einen anderen Cupido, den jüngsten aller Götter, auf den die Merkmale des älteren in gewisser Weise angemessen übertragen wurden.

Diese Sage berührt und durchdringt den Ursprung der Natur. Die Liebe scheint der Trieb (appetitus) oder der Antrieb (stimulus) der ursprünglichen Materie gewesen zu sein oder (um es deutlicher zu sagen) die natürliche Bewegung der Atome, denn sie ist die älteste und einzige Kraft, die aus der Materie alles zusammenfügt und formt. Sie selbst hat keine Eltern, d. h. keine Ursache, denn die Ursache ist gleichsam die Mutter der Wirkung; von dieser Kraft (virtus) aber kann es keine Ursache in der Natur geben (mit Ausnahme Gottes), denn da es nichts vor ihr gab, konnte sie nicht die Wirkung von etwas sein, und da nichts in der Natur ursprünglicher ist, konnte sie weder Geschlecht noch Form haben. Was auch immer sie also sein mag, sie ist wirklich, wenngleich unerklärlich. Und selbst wenn es möglich wäre, ihre Art (modus) und ihre Entwicklung (processus) zu erfassen, so könnte man dies doch nicht aus einer Ursache erklären, denn sie ist, nach Gott, Ursache aller Ursachen und selbst ohne Ursache. Man wird nicht einmal darauf hoffen dürfen, daß ihre Art sich jemals der menschlichen Forschung unterwerfen oder von ihr begriffen werden könne, weshalb sie zu Recht als ein von der Nacht gelegtes Ei beschrieben wird, jedenfalls verkündet dies der göttliche Philosoph: »Cuncta fecit pulchra tempestatibus suis, et Mundum tradidit disputationibus eorum, ita tamen ut non inveniat Homo, Opus quod operatus est Deus a principio usque ad finem.«[25]

Denn das höchste Gesetz der Natur (lex summaria naturae) oder die von Gott den ursprünglichen Partikeln der Dinge eingeprägte Kraft der Liebe, die sie zusammenfügt und die durch Wiederholung und Vervielfältigung die Mannigfaltigkeit der Natur schafft, mag vom menschlichen Denken vielleicht gestreift werden können, aber sie kann von ihm nicht durchdrungen werden. Die griechische Philosophie nun, die bei der Ergründung der Prinzipien der materiellen Dinge (rerum materiatis principiis) sorgfältig und scharfsinnig ist, erweist sich bei der Untersuchung der Prinzipien der Bewegung (worin die Kraft jeder Tätigkeit [operationis vigor] besteht) als nachlässig und kraftlos. Bei den Dingen, mit denen wir uns beschäftigen, erscheint sie sogar völlig blind und geschwätzig, denn die Ansicht der Peripatetiker, wonach der ursprüngliche Antrieb der Materie durch Privation entsteht (de stimulo materiae per privationem)[26], ist kaum mehr als Geschwätz, das die Sache eher besingt als bezeichnet. Diejenigen, die sie (wenn auch mit Recht) auf Gott zurückführen, erreichen dies freilich nicht durch eine aufsteigende Stufenfolge, sondern durch einen Sprung. Aber ohne Zweifel gibt es ein einziges und höchstes, Gott untergeordnetes Gesetz, in dem sich die Natur vereinigt, dasselbe, was in dem eben zitierten Text mit den Worten gemeint ist: »Opus quod operatus est Deus a principio usque ad finem.«[27] Demokrit dagegen, der die Sache tiefer durchdachte, schrieb den Atomen, nachdem er ihnen eine gewisse Gestalt und Ausdehnung verliehen hatte, eine einzige Begierde oder eine ursprüngliche, einfache und absolute Bewegung und eine zweite relative Bewegung zu. Er glaubte, daß alle Dinge sich durch ihren eigenen Antrieb auf das Zentrum der Welt zubewegen und daß das, was mehr Masse hat, sich schneller bewegt und dabei das zur Seite schiebt und wegdrängt, was weniger Masse hat. Dies ist jedoch eine beschränkte Überlegung und bezieht zu wenige Beispiele ein, denn weder die Kreisbewegung der Himmelskörper noch die Ausdehnung oder Zusammenziehung der Körper kann auf dieses Prinzip zurückgeführt oder mit ihm vereinbart werden. Epikurs Überzeugung vom Ausweichen und der zufälligen Bewegung der Atome dagegen ist ein Rückfall in Unsinn und Unwissenheit. Es ist daher nur allzu deutlich (mehr als wir wünschen können), daß Cupido oder die Liebe in das Dunkel der Nacht gehüllt bleibt.

Deshalb wollen wir uns nun seinen Attributen zuwenden. Cupido wird sehr reizvoll als ewiges Kind beschrieben. Denn alle zusammengesetzten Dinge sind größer und unterliegen dem Altern, während die ursprünglichen Samen der Dinge oder die Atome winzig sind und in ewiger Kindheit verharren. Er wird auch sehr richtig als nackt dargestellt, denn alle Zusammensetzungen sind (wenn man sie recht betrachtet) maskiert und verhüllt, und es gibt nichts, was wirklich nackt ist, außer den ursprünglichen Teilchen der Dinge. Auch Cupidos Blindheit hat eine weise allegorische Bedeutung. Denn es scheint, daß Cupido, was auch immer er sein mag, sehr wenig Voraussicht (providentia) hat, sondern sich wie ein Blinder vorantastet und seinen Gang und seine Bewegung nach dem ausrichtet, was ihm am nächsten ist. Dies macht die göttliche Vorsehung um so anbetungswürdiger, schafft sie doch aus völlig leeren und jeglicher Vorsehung ermangelnden, quasi blinden Gegenständen durch ein unabänderliches und notwendiges Gesetz die Ordnung und Schönheit des Universums.

Das letzte Attribut Cupidos ist die Kunst des Bogenschießens,

d. h. eine auf Entfernung wirkende Kraft, denn alles, was auf Entfernung wirkt, gleicht dem Bogenschießen. Wer also die Theorie des Atoms und des Vakuums vertritt (auch wenn er das Vakuum nicht abgetrennt, sondern im Raum verteilt begreift), setzt notwendigerweise die Wirkung der Atome über die Entfernung voraus, denn ohne diese könnte durch das dazwischenliegende Vakuum keine Bewegung hervorgerufen werden, sondern alle Dinge würden fest und unbeweglich bleiben.

Was den jüngeren Cupido betrifft, so wird er mit Recht als der jüngste aller Götter beschrieben, denn solange die Arten nicht hervorgebracht waren, konnte er seine Kraft nicht entfalten. In seiner Beschreibung ändert die Allegorie ihr Ziel und wendet sich den Sitten zu. Denn Venus löst die allgemeine Begierde nach Vereinigung und Fortpflanzung aus, ihr Sohn Cupido aber lenkt die Begierde auf ein Individuum. Von Venus stammt daher die allgemeine Neigung, von Cupido dagegen die einzelne Zuneigung (magis exacta sympathia). Jene beruht auf näherliegenden Ursachen, diese auf tieferen und schicksalhafteren Prinzipien, als stamme sie von dem älteren Cupido her, von dem alle tiefen Zuneigungen abhängen.

XVIII. Diomedes oder der Eifer

Diomedes, ein berühmter Held und Günstling der Pallas, wurde von dieser angestiftet, Venus nicht zu schonen, wenn er ihr im Kampf begegnen sollte (was er mehr beherzigte als gut war). Kühn befolgte er, um was man ihn gebeten hatte, und verletzte Venus an der rechten Hand. Diese Tat blieb zunächst ungeahndet, und er kehrte mit großem Ruhm und Ehren überhäuft in sein Vaterland zurück. Dort erwarteten ihn häusliche Schwierigkeiten, und er flüchtete daraufhin nach Italien. Hier wurde er zunächst freundlich aufgenommen. König Daunus bot ihm seine Gastfreundschaft an, überhäufte ihn mit Ehrungen und Geschenken und ließ an zahlreichen Orten seines Reiches Statuen für ihn errichten. Kaum jedoch befiel das Volk, zu dem er sich begeben hatte, ein Übel, besann sich Daunus darauf, daß er unter seinem Dach einen ruchlosen, den Göttern feindlichen und ihnen daher verhaßten Mann beherbergte, der es gewagt hatte, eine Göttin mit dem Schwert anzugreifen und zu verwunden; allein ihn zu berühren war bereits ein Frevel. Um sein Land zu entsühnen und indem er das Recht der Religion höher stellte als das Gastrecht, erschlug er ohne Zögern Diomedes und ließ seine Statuen und Ehrenmäler umstürzen und vernichten. Auch war es in diesem Fall für niemanden ratsam, ein so schweres Geschick zu betrauern, ja, sogar seine Gefährten wurden, als sie seinen Tod betrauerten und das Land mit Klagen erfüllten, in eine besondere Art von Schwänen verwandelt, die beim Herannahen ihres eigenen Todes süße und traurige Weisen singen.

Der Gegenstand dieser Sage ist außergewöhnlich und nahezu einzigartig, denn es gibt keine andere Geschichte, in der ein Held einem Gott eine Wunde beibringt. Solches wird allein von Diomedes berichtet, und in ihm werden zweifellos der Charakter und das Schicksal eines Mannes beschrieben, der es sich zum erklärten Ziel gesetzt hat, einen religiösen Kult oder eine Sekte, sei sie auch nichtig und unbedeutend, mit Gewalt und dem Schwert zu verfolgen und zu vernichten. Denn wenn den Alten Religionskriege (cruenta religionis dissidia) auch unbekannt waren (die heidnischen Götter waren von Eifersucht unberührt, die das Attribut des wahren Gottes ist), so scheint die Weisheit der frühesten Zeitalter doch so groß und umfassend gewesen zu sein, daß sie das, was sie nicht aus eigener Erfahrung kannten, gleichwohl durch Überlegungen und Bildnisse begriffen.

Diejenigen also, die gegen eine religiöse Sekte, sei es auch eine nichtige, korrupte und berüchtigte (die hier in der Person der Venus dargestellt wird), Krieg führen und sie nicht durch die Kraft des Verstandes, der Belehrung und die Sittenreinheit des Lebens oder durch das Gewicht von Beispielen und Vorbildern zu verbessern und zu bekehren trachten, sondern sie mit Feuer und Schwert und hartnäckiger Verfolgung vernichten und vertreiben wollen – wozu sie wahrscheinlich Pallas angestiftet hat, d. h. ein gewisser Scharfsinn und eine Strenge des Urteils, die ihnen einen tiefen Einblick in die Täuschungen und Falschheiten solcher Verirrungen gewähren und sich mit dem Haß auf Schlechtigkeit und mit wohlmeinendem Eifer paaren –, erlangen zumeist für einige Zeit großen Ruhm und werden vom Volk (das der Mäßigung immer abhold ist) gefeiert und nahezu angebetet als die einzigen Verteidiger der Wahrheit und der Religion (während alle anderen als lasch und feige betrachtet werden). Dieser Ruhm und dieses Glück sind jedoch selten dauerhaft, sondern nahezu jede Form von Gewalt, wenn sie nicht durch einen frühen Tod den Wechselfällen des Schicksals entgeht, nimmt ein unseliges Ende. Und wenn ein Umschwung der Dinge eintritt, durch den die unterdrückte und verfolgte Sekte erstarkt und ihr Haupt erhebt, dann werden der Eifer und die leidenschaftlichen Anstrengungen dieser Männer verdammt, selbst ihr Name wird verhaßt und all ihre Ehrungen werden in den Schmutz gezogen.

Die Ermordung des Diomedes durch seinen Gastgeber weist auf die Tatsache hin, daß Gegensätze in Fragen der Religion selbst unter den engsten und liebsten Freunden Falschheit und Verrat säen. Daß selbst die Trauer und die Wehklagen seiner Freunde nicht geduldet, sondern mit Strafen bedroht werden, ist so zu verstehen: Bei nahezu jedem Verbrechen ist menschliches Mitleid angebracht – denn wenn man auch das Verbrechen verabscheut, so kann man doch den Verbrecher und sein Unglück bedauern – und es wäre überaus bösartig, das Mitleid zu unterdrücken. In Fragen der Religion oder der Frömmigkeit wird jedoch schon der Ausdruck des Bedauerns beargwöhnt und verurteilt. Andererseits sind die Klagen und der Jammer der Freunde des Diomedes, d. h. derjenigen, die derselben Sekte oder demselben Glauben anhängen, sehr lieblich und wohlklingend, wie der Gesang der Schwäne, der Vögel des Diomedes. Auch dieser Teil der Parabel enthält eine vortreffliche und ausgezeichnete Allegorie, denn sie bedeutet, daß die letzten Worte derjenigen, die für die Sache der Religion Leid erdulden, die Herzen der Menschen tief ergreifen und beeindrucken und sich ihrem Gedächtnis und ihrem Gefühl dauerhaft einprägen.

XIX. Daedalus oder der Handwerker

In der Gestalt des Daedalus, einem Mann von höchster Begabung, aber verabscheuungswürdigem Charakter, haben die Alten ein Bild der Kunstfertigkeit und des Handwerksfleißes sowie ihrer verbotenen und zu üblen Zwecken mißbrauchten Kunstgriffe (artificia illicita et ad pravos usus detorta) gezeichnet. Daedalus war wegen der Ermordung eines Mitschülers und Konkurrenten verbannt worden, er wurde jedoch während seiner Verbannung in anderen Königreichen und Städten freundlich aufgenommen. Er entwarf und errichtete zahlreiche hervorragende Bauwerke, sowohl zu Ehren der Götter als auch zur Verschönerung von Städten und öffentlichen Plätzen. Berühmt wurde er jedoch wegen seiner frevelhaften Erfindungen. Denn er war es, der die Maschine entwarf, mit deren Hilfe Pasiphae ihre Gelüste nach dem Stier befriedigen konnte, so daß durch seine verruchte Kunstfertigkeit und seine verderbte Begabung die verhängnisvolle Zeugung des Minotaurus ermöglicht wurde, der zahllose hoffnungsvolle Jünglinge verschlang. Um das erste Übel zu bemänteln, ersann er ein weiteres und entwarf und errichtete zur Sicherheit dieses Ungeheuers das Labyrinth, ein Werk, dessen Bestimmung und Zweck schändlich, dessen Entwurf und Ausführung jedoch hervorragend und bewunderungswürdig war. Damit sein Ruhm nicht nur auf üblen Künsten beruhe und damit er auch zur Verhütung, nicht nur zur Anrichtung von Unheil gefragt wäre, verfaßte er jenen nützlichen Leitfaden, der die Irrwege des Labyrinths aufzeigte.

Dieser Daedalus wurde von Minos mit großer Zähigkeit, Sorgfalt und Aufmerksamkeit verfolgt, aber er fand immer wieder Mittel zu entkommen und Zufluchtsorte. Schließlich lehrte er seinen Sohn Ikarus das Fliegen; dieser jedoch, unerfahren und auf seine Fähigkeit eingebildet, stürzte in das Meer hinab.

Die Parabel kann folgendermaßen gedeutet werden: Zu Beginn wird der Neid dargestellt, der bei großen Künstlern vorherrscht und sie niemals ruhen läßt, denn es gibt keinen anderen Menschenschlag, der von so bitterer und tiefer gegenseitiger Mißgunst erfüllt ist wie dieser. Dann wird die unpolitische und unüberlegte Art der Strafe vorgestellt, nämlich die Verbannung des Daedalus. Denn es ist der Vorzug berühmter Handwerker, überall auf der Welt gefragt zu sein, so daß die Verbannung eines hervorragenden Künstlers eigentlich überhaupt keine Strafe ist. Denn während andere Lebensweisen und -bedingungen außerhalb ihres eigenen Landes nur schwer gedeihen können, verbreitet und vergrößert sich die Bewunderung für einen Künstler bei Ausländern und Fremden, weil es der menschlichen Natur entspricht, die eigenen Landsleute in den mechanischen Künsten gering zu schätzen.

Die Passagen, die bezüglich der Verwendung der mechanischen Künste folgen, sind eindeutig. Zweifellos verdankt ihnen das menschliche Leben sehr viel, denn aus ihrem Schatz stammen zahlreiche Gegenstände zur Ausschmückung der Religion, zur Zierde der bürgerlichen Gesellschaft wie zur Verschönerung des gesamten Lebens. Aus derselben Quelle entspringen aber auch Instrumente der Wollust und des Todes. Denn wir wissen sehr wohl, daß, von den Verführungskünsten zu schweigen, die stärksten Gifte, Waffen und ähnliche Kriegsgeräte selbst die Grausamkeit des Minotaurus übertreffen.

Sehr schön ist auch die Allegorie des Labyrinths, die das allgemeine Wesen der Mechanik repräsentiert. Denn alle sinnvolleren und exakteren mechanischen Erfindungen können als ein Labyrinth begriffen werden, die wegen ihrer Subtilität, ihrer verwirrenden Vielfalt und ihrer offensichtlichen Ähnlichkeit untereinander nicht die Urteilskraft, sondern nur der Leitfaden der Erfahrung zu unterscheiden und zu entwirren vermag. Nicht minder passend wird hinzugefügt, daß derjenige, der die Irrwege des Labyrinths erfand, auch den Leitfaden zu seiner Entwirrung schuf, denn die mechanischen Künste sind von zwiespältigem Nutzen, da sie ebenso schädlich wie heilsam sind, so daß ihre Kraft sich zumeist selbst aufhebt und auflöst.

Überdies werden verbotene Künste und somit die Künste überhaupt häufig von Minos verfolgt, d. h. von den Gesetzen, die sie verdammen und den Menschen verbieten, sie auszuüben. Dennoch werden sie heimlich gepflegt und finden überall Zufluchtsorte und Schlupfwinkel, was von Tacitus zu seiner Zeit in einem ähnlichen Fall gut beobachtet wurde, als er über die Astrologen und Wahrsager schrieb, sie seien »Genus (inquit) hominum quod in civitate nostra semper et retinebitur et vetabitur«[28].

Schließlich aber büßen alle verbotenen und neugierigen Künste im Laufe der Zeit ihre Wertschätzung ein und fallen der Verachtung anheim, so wie Ikarus vom Himmel fiel, weil sie nicht halten können, was sie versprechen, und so an ihrer eigenen Vermessenheit zugrunde gehen. Und um die Wahrheit zu sagen, sie werden eher durch ihr eigenes eitles Geprahle widerlegt, als durch die Zügel des Gesetzes gezüchtigt.

XX. Erichthonius oder der Betrug

Die Dichter erzählen uns, daß Vulcan der Minerva wegen ihrer Keuschheit nachstellte und ihr in der Glut seiner Begierde Gewalt antun wollte. Es kam zu einem Kampf, und dabei fiel sein Samen auf die Erde. Daraus entsprang Erichthonius, dessen Oberkörper schön und wohlgefällig war, dessen Beine jedoch so dünn und mißgestaltet waren, daß sie dem Körper eines Aals glichen. Im Bewußtsein seiner Mißbildung erfand er die Verwendung des Wagens, wodurch er den wohlgeformten Teil seines Körpers vorzeigen, den mißgestalteten aber verbergen konnte.

Diese sonderbare und seltsame Sage scheint folgende Bedeutung zu haben: Wenn die Handwerkskunst (ars), die wegen seiner vielfältigen Verwendung des Feuers von Vulcan dargestellt wird, durch die Mißhandlung der Körper versucht, der Natur ihren Willen aufzuzwingen, sie zu erobern und zu unterwerfen (denn die Natur wurde wegen der Weisheit ihrer Werke in der Gestalt der Minerva beschrieben), erreicht sie selten das von ihr angestrebte Ziel. Unter großem Aufwand und großen Mühen (gleichsam im Kampf) fallen jedoch verschiedene Mißgeburten und untaugliche Werke ab, die hübsch anzusehen sind, sich im Gebrauch aber als schwach und mangelhaft erweisen. Dennoch wird ihre falsche Pracht von Betrügern zur Schau gestellt und gleichsam im Triumphzug umhergetragen. Solche Dinge können häufig bei chemischen Erzeugnissen und bei mechanischen Feinarbeiten und Neuerungen beobachtet werden, zumal die Menschen lieber an ihrem Ziel festhalten, als daß sie ihre Fehler zurücknehmen, und eher mit der Natur kämpfen, als daß sie ihre Umarmung mit der gebührenden Hingabe und Verehrung zu erreichen suchen.

XXI. Deucalion oder die Wiederherstellung (restitutio)

Die Dichter erzählen, daß Deucalion und Pyrrha, als die Bewohner der alten Welt allesamt von einer großen Flut verschlungen worden und nur sie beide übriggeblieben waren, von dem frommen und edlen Wunsch ergriffen wurden, das Menschengeschlecht wiederherzustellen. Sie befragten das Orakel und erhielten zur Antwort, ihr Wunsch werde ihnen erfüllt werden, wenn sie die Gebeine ihrer Mutter nähmen und hinter sich würfen. Dies stürzte sie zunächst in tiefe Traurigkeit und Verzweiflung, denn da die Flut alles eingeebnet hatte, schien es ein sinnloses Unterfangen zu sein, nach einem Grab zu suchen. Schließlich begriffen sie jedoch, daß das Orakel die Steine der Erde (die als die Mutter aller Dinge betrachtet wurde) gemeint hatte.

Diese Sage scheint ein Geheimnis der Natur zu enthüllen und einen bekannten Irrtum des menschlichen Geistes (animus humanus) zu korrigieren. Denn die Menschen in ihrer Unwissenheit meinen, die Erneuerung und Wiederherstellung der Dinge könne aus ihrer eigenen Verwesung und ihren Überresten erreicht werden (so, wie der Phönix aus der eigenen Asche steigt), was auf keinen Fall geschehen kann, weil solche Stoffe das Ende ihrer Bahn erreicht haben und nicht mehr zu den Neuanfängen der Dinge beitragen können. Daher muß man auf allgemeinere Prinzipien zurückgehen.

XXII. Nemesis oder die Unbeständigkeit der Dinge

Nach der Überlieferung war Nemesis eine Göttin, die von allen verehrt, von den Mächtigen und den vom Glück Begünstigten jedoch gefürchtet wurde. Sie soll die Tochter der Nox und des Oceanus gewesen sein. Sie wird mit Flügeln und einer Krone, einen eschenen Speer in ihrer Rechten, eine Schale in ihrer Linken haltend, die mit Äthiopiern gefüllt war, auf einem Hirsch sitzend dargestellt.

Diese Sage kann folgendermaßen gedeutet werden: Der Name »Nemesis« selbst bedeutet offenbar Rache oder Vergeltung, denn es war das Amt und die Funktion dieser Göttin, das Glück begünstigter Personen zu stören und niemanden andauernd und ununterbrochen glücklich sein zu lassen, sondern wie ein Volkstribun mit ihrem *Veto* (»ich verbiete es«) einzuschreiten, nicht nur, um den Hochmut zu zügeln, sondern auch, um zu zeigen, daß jedes noch so bescheidene und unschuldige Glück sein Gegenteil in sich trägt, als ob kein Mensch, außer zum Spiel, zum Gastmahl der Götter zugelassen werden solle. Und in der Tat, als ich jenes Kapitel des Gaius Plinius (d. Ä.)[29] las, in dem dieser die Leiden und Nöte des Kaisers Augustus zusammenfaßt[30], den ich von allen Menschen für den Glücklichsten hielt, dem überdies eine besondere Art eigen war, sein Glück zu nutzen und zu genießen, und in dessen Geist (animo) ich nicht die Spur von Verwirrung, Leichtsinn oder Melancholie fand – so sehr, daß er einst beschlossen hatte, aus eigenem Antrieb zu sterben –, dachte ich, wie groß und mächtig muß diese Göttin sein, daß ein solches Opfer auf ihrem Altar dargebracht wird.

Die Eltern dieser Göttin waren Oceanus und Nox, d. h. die Unbeständigkeit der Dinge und die dunklen und geheimen Ratschlüsse Gottes. Denn die Unbeständigkeit der Dinge wird wegen des unaufhörlichen Wechsels von Ebbe und Flut passend durch den Ocean verkörpert, und die geheime Vorsehung wird zu Recht im Bild der Nacht vorgestellt. Selbst die Heiden erkannten jene Nemesis der Nacht, d. h. die Nicht-Übereinstimmung zwischen dem menschlichen und dem göttlichen Urteil.

»– – – cadit et Ripheus, iustissimus unus
Qui fuit ex Teucris et servantissimus aequi
Dis aliter visum – – –«[31]

Auch wird Nemesis, wegen der plötzlichen und unvorhergesehenen Umwälzung der Dinge, als geflügelt beschrieben. Denn in den Berichten aller Zeiten kann man bestätigt sehen, daß große und weise Männer durch jene Gefahren umkamen, die sie am geringsten schätzten. So schrieb Cicero an Brutus, als dieser ihn vor der Untreue und den üblen Absichten Octavians gewarnt hatte: »Te autem, mi Brute, sicut debeo, amo, quod istud quicquid est nugarum scire voluisti.«[32]

Nemesis wird außerdem durch eine Krone ausgezeichnet, wegen des mißgünstigen und boshaften Charakters des Volkes, welches beim Sturz der vom Glück Begünstigten und Mächtigen frohlockt und die Nemesis krönt.

Der Speer in ihrer rechten Hand weist auf diejenigen hin, die sie tatsächlich trifft und durchbohrt. Wer jedoch ihrem Unglück und ihrer Strafe entrinnt, dem zeigt sie das schwarze und unheilvolle Bild in ihrer Linken, denn alle Sterblichen müssen unvermeidlich, selbst wenn sie sich auf dem Gipfel ihres Glücks befinden, der Aussicht auf Tod, Krankheit, Unglück, Verrat durch Freunde, Anschläge von Feinden, Wechsel des Glücks u. ä. begegnen, worauf durch die Äthiopier in der Schale hingewiesen wird. So fügt Vergil bei der Beschreibung der Schlacht von Actium über Kleopatra sehr schön hinzu:

»Regina in mediis patrio vocat agmina sistro
Nec dum etiam geminos a tergo respicit angues.«[33]

Bald darauf erblickte sie, wohin sie sich auch wandte, ganze Heere von Äthiopiern.

Schließlich wird weise hinzugefügt, daß Nemesis auf einem Hirsch sitzt, denn der Hirsch ist ein sehr langlebiges Tier, und es mag vielleicht sein, daß man durch einen frühen Tod der Nemesis entkommen kann, aber wessen Glück oder Macht länger andauern, ist zweifellos der Nemesis preisgegeben, so, als trage er sie auf seinem Rücken.

XXIII. Achelous oder der Kampf

Die Alten berichten, daß Herkules und Achelous, als sie um die Hand der Deianira stritten, beschlossen, den Streit durch einen Kampf zu entscheiden. Achelous nahm zunächst unterschiedliche Gestalten an (was in seiner Macht stand) und trat Herkules schließlich in der Gestalt eines wilden und brüllenden Stiers gegenüber. Herkules aber, der seine menschliche Gestalt stets unverändert beibehalten hatte, stürzte sich auf ihn. Es kam zu einem Ringkampf, in dem Herkules ihm schließlich ein Horn abbrach, worauf der schmerzerfüllte und entsetzte Achelous Herkules im Tausch für sein eigenes Horn das Füllhorn der Amalthea gab.

Diese Sage bezieht sich auf kriegerische Unternehmungen. Die Kriegsvorbereitungen auf seiten des Verteidigers (der hier durch Achelous repräsentiert wird) sind vielfältig und vielgestaltig, während die Gestalt des Angreifers einmalig und einfach ist, denn sie besteht nur aus einem Heer oder möglicherweise auch einer Flotte. Das Land dagegen, das sich darauf vorbereitet, den Feind auf seinem eigenen Boden zu empfangen, ist auf vielfältigste Weise beschäftigt, indem es eine Stadt befestigt, eine andere niederreißt, die Menschen von den Feldern und Dörfern in die Städte und Festungen bringt, hier eine Brücke baut, dort eine zerstört, Hilfstruppen aushebt und verteilt, sich um Flüsse, Häfen, Bergrücken, Wälder und zahllose andere Dinge kümmert, so daß man sagen kann, es nehme jeden Tag eine andere Gestalt und ein anderes Aussehen an. Wenn es schließlich genügend befestigt und vorbereitet ist, bietet es den Anblick und das Gebaren eines streitbaren Stieres. Der Angreifer dagegen drängt auf eine Schlacht, denn er fürchtet, sich ohne Unterstützung im Feindesland zu verlieren. Wenn er aber diese Schlacht gewinnt, so ist es, als habe er dem Stier ein Horn abgebrochen, denn dieser muß sich dann entmutigt und geschlagen in seine befestigteren Stellungen zurückziehen, um dort Schutz zu suchen und neue Kräfte zu sammeln, wodurch er seine Städte und Ländereien dem Sieger zur Plünderung und Zerstörung überläßt, und das ist in der Tat, als gäbe er ihm das Füllhorn der Amalthea.

XXIV. Dionysus oder die Begierde[34]

Die Sage erzählt, Semele, die Geliebte Jupiters, habe diesen durch einen unverbrüchlichen Eid verpflichtet, ihr einen Wunsch zu erfüllen, worin auch immer er bestehen möge, und ihn dann gebeten, ihr in derselben Gestalt beizuwohnen, wie er dies bei Juno zu tun pflege. Die Folge war, daß sie in seiner Umarmung von seinen Blitzen getötet wurde. Das Kind jedoch, das sie in ihrem Leib trug, wurde von seinem Vater aufgenommen und in seinen Schenkel eingenäht, wo es bis zur rechten Zeit der Geburt bleiben sollte. Die Bürde ließ Jupiter hinken, und so erhielt das Kind, weil es seinem Vater Schmerzen und Lahmheit verursachte, den Namen Dionysus. Nach seiner Geburt wurde er für einige Jahre Proserpina zur Pflege übergeben, und als er erwachsen war, hatte er so weibliche Gesichtszüge, daß man nicht sicher sein konnte, von welchem Geschlecht er war. Er starb und war auch für einige Zeit begraben, erwachte jedoch bald wieder zu neuem Leben. In seiner frühen Jugend entdeckte und lehrte er den Anbau der Weinrebe und damit die Herstellung und den Gebrauch des Weins, die bis dahin unbekannt waren. Nachdem er dadurch berühmt geworden war, unterwarf er die ganze Welt und drang bis an die äußersten Grenzen Indiens vor. Er fuhr in einem von Tigern gezogenen Wagen, und um ihn herum tanzten häßliche Dämonen, die Kobalen, Acratus u. a. Auch die Musen schlossen sich seinem Zug an. Er nahm Ariadne zur Frau, die von Theseus verlassen und zurückgelassen worden war. Die ihm geweihte Pflanze war der Efeu. Er wurde auch als der Erfinder und Begründer sakraler Riten und Bräuche betrachtet, nur solcher freilich, die von Fanatismus, Verderbtheit und Grausamkeit erfüllt waren. Überdies hatte er die Macht, die Menschen in Raserei zu versetzen. Zumindest sagt man, daß bei seinen Orgien von den in Raserei versetzten Frauen zwei berühmte Männer, nämlich Pentheus und Orpheus, in Stücke gerissen wurden, dieser, weil er auf einen Baum geklettert war, um sie zu beobachten, jener wegen des Klangs seiner Lyra. Freilich wurden die Taten dieses Gottes häufig mit denen Jupiters verwechselt.

Diese Sage scheint sich auf die Sitten (ad mores) zu beziehen, und tatsächlich findet sich in der Ethik (philosophia moralis) nichts Besseres. In der Gestalt des Bacchus wird das Wesen der Begehrlichkeit (cupiditas) oder der Leidenschaft (affectus) und der Erregung (perturbatio) beschrieben. Denn die Mutter aller Begierden, selbst der niedrigsten, ist nichts anderes als der Hunger oder die Sucht nach dem scheinbar Guten (boni apparentis), und ihre Entstehung besteht immer in verbotenen Wünschen, die unbesonnen zugestanden werden, ehe sie verstanden und abgewägt wurden. Wenn sich die Leidenschaft jedoch erhitzt, wird ihre Mutter (d. h. das Wesen des Guten), die dieser Glut nicht standhalten kann, zerstört und verbrannt. Solange die Begierde selbst noch unreif ist, verbleibt sie in der menschlichen Seele, besonders in den niederen Teilen der Seele (die ihr Vater ist und von Jupiter repräsentiert wird), für die der Schenkel steht, wo sie sowohl genährt als auch verborgen wird, wo sie die Seele derart sticht, hin- und herreißt und betrübt, daß deren Entschlüsse und Handlungen durch sie verhindert und behindert werden. Und wenn auch die Leidenschaft durch Nachlässigkeit und Gewohnheit stark geworden ist und in Handlungen hervorbricht, so wird sie doch für einige Zeit von Proserpina aufgezogen, d. h., sie sucht verborgene Winkel und hält sich selbst versteckt und gleichsam unter der Erde, bis sie schließlich die Schranken der Scham und der Furcht überspringt und die Kühnheit erlangt, entweder die Maske der Tugend aufzusetzen oder die Schande selbst zu verachten.

Es ist auch sehr wahr, daß alle heftigen Leidenschaften von sehr zweifelhaftem Geschlecht zu sein scheinen, denn sie besitzen sowohl die Stärke des Mannes als auch die Schwäche des Weibes.

Auch ist es vortrefflich beschrieben, daß Bacchus nach seinem Tod wieder zu neuem Leben erwachte. Denn die Leidenschaften scheinen manchmal eingeschläfert und ausgerottet zu sein, aber selbst wenn sie begraben wären, könnte man ihnen nicht trauen, denn sobald sich ein Gegenstand und eine Gelegenheit bieten, entstehen sie von neuem.

Weise ist auch die Allegorie von der Erfindung des Weins, denn alle Leidenschaften sind erfinderisch und scharfsinnig bei der Aufspürung ihrer Stimulantien. Und wir kennen nichts Stärkeres und Wirksameres zur Erregung und Entflammung von Leidenschaften jeder Art als den Wein, der ihr gemeinsamer Brennstoff ist. Sehr schön wird die Begierde auch als Unterjocher der Provinzen und als Anführer eines Eroberungszuges beschrieben. Denn sie ist niemals mit dem zufrieden, was sie hat, sondern giert mit unendlichem und unersättlichem Hunger nach mehr und lechzt immer nach Neuem.

Auch hält sich die Begierde Tiger und spannt sie vor ihren Wagen, denn sobald die Leidenschaft als Zeichen ihres Sieges und Triumphes über die Vernunft anfängt, mit dem Wagen zu fahren und nicht mehr zu Fuß geht, zeigt sie sich gegenüber allem, was sich ihr in den Weg stellt, grausam, wild und erbarmungslos. Auch ist es gewitzt, jene lächerlichen Dämonen um ihren Wagen tanzen zu lassen, denn jede Leidenschaft erzeugt unschickliche, ungehörige, sprunghafte und häßliche Blicke, Mienen und Gesten, so daß derjenige, der sich selbst in einem Affekt wie Zorn, Stolz, Liebe o. ä. für großartig und imponierend hält, in den Augen der anderen verächtlich und lächerlich erscheint. Es ist auch richtig, daß die Musen im Gefolge der Begierden zu sehen sind, denn es gibt kaum eine Leidenschaft, die nicht von irgendeiner Wissenschaft umworben wird, und hierin tut die Nachlässigkeit der bedeutenden Köpfe (indulgentia ingeniorum) der Würde der Musen großen Abbruch, indem sie aus ihnen, die Führerinnen durch das menschliche Leben sein sollten, Dienstmägde der Leidenschaften macht.

Besonders edel ist auch jener Teil der Allegorie, der zeigt, wie Bacchus seine Liebe auf eine Frau gerichtet hatte, die ein anderer verlassen hatte. Denn es ist überaus gewiß, daß die Leidenschaft immer das sucht und begehrt, was die Erfahrung längst verworfen hat. Und alle diejenigen, die ihren Leidenschaften dienen und nachgeben und bereit sind, jeden Preis für ihre Erfüllung zu zahlen, sollten wissen, daß, was auch immer der Gegenstand ihres Begehrens sein mag, seien es Ehre oder Reichtum oder Liebe oder Ruhm, sie längst verworfenen Dingen Tribut zollen – Dingen, die von vielen Menschen zu allen Zeiten versucht und danach mit Verachtung weggeworfen wurden.

Es entbehrt auch nicht eines geheimen Sinns, daß der Efeu Bacchus geweiht ist, und zwar aus einem doppelten Grund, nämlich erstens, weil der Efeu im Winter grünt, und zweitens, weil er die Eigenschaft hat, an vielen Dingen wie Bäumen, Wänden und Gebäuden emporzukriechen und sich darumzuwinden. Denn was das erste anbelangt, so ergrünt jede Leidenschaft durch Widerstand und Verbot, gleichsam durch eine Art Gegensatz (antiperistasis), wie der Efeu durch die Kälte des Winters. Was das zweite anbetrifft, so schlingt sich die vorherrschende Leidenschaft wie der Efeu um alle menschlichen Handlungen und Entschlüsse, drängt sich hinein und vermischt sich mit ihnen. Es ist auch kein Wunder, daß Bacchus abergläubische Riten zugeschrieben werden oder daß man von ihm behauptet, er löse Rasereien aus, denn jede Leidenschaft ist selbst eine kurze Raserei, die, wenn sie heftig und anhaltend ist, in Wahnsinn endet. Daher hat auch der Umstand, daß Pentheus und Orpheus zerfleischt wurden, eine allegorische Bedeutung, denn jeder beherrschenden Leidenschaft sind neugierige Untersuchung sowie gesunde und freimütige Ratschläge verhaßt und erbittern sie aufs äußerste.

Schließlich kann auch die Verwechslung des Bacchus mit Jupiter gut allegorisch verstanden werden, weil edle und verdienstvolle Taten zuweilen aus Tugend, guten Absichten und Großmut, manchmal aber auch (wie sehr sie auch geschätzt und gepriesen werden mögen) aus heimlicher Leidenschaft und verborgener Lust hervorgehen und daher die Taten des Bacchus nicht leicht von denen Jupiters zu unterscheiden sind.

XXV. Atalanta oder die Gewinnsucht

Atalanta, die für ihre Schnelligkeit berühmt war, forderte Hippomenes mit dem Versprechen zum Wettlauf heraus, daß er sie im Falle seines Sieges zur Frau nehmen dürfe, im Falle seiner Niederlage aber sein Leben verwirke. An Atalantas Sieg schien es keinen Zweifel geben zu können, da ihre unübertreffliche Schnelligkeit bereits durch den Tod zahlreicher Freier unter Beweis gestellt worden war. Hippomenes griff deshalb zu einer List. Er beschaffte sich drei goldene Äpfel, die er mit sich führte. Das Rennen begann, Atalanta ging in Führung. Als Hippomenes sah, daß er zurückfiel, griff er auf seine List zurück und warf einen seiner Äpfel so vor sie hin, daß sie ihn sehen mußte. Er warf ihn aber nicht direkt vor sie, sondern ein wenig abseits, damit sie sich nicht nur bücken, sondern auch ihre Bahn verlassen mußte. Erfüllt von weiblicher Gier und angezogen von der Schönheit der Frucht, verließ sie ihre Bahn, lief dem Apfel nach und hielt an, um ihn aufzuheben. In der Zwischenzeit lief Hippomenes weiter und ging in Führung. Aufgrund ihrer natürlichen Schnelligkeit machte Atalanta den Rückstand jedoch bald wieder wett und überholte ihn erneut. Nachdem Hippomenes sie jedoch in derselben Weise noch ein zweites und ein drittes Mal vom Weg abbrachte, gewann er schließlich den Wettlauf, freilich nicht durch seine Fähigkeit, sondern durch seine List.

Diese Sage scheint eine hervorragende Allegorie über den Wettstreit von Kunst und Natur zu sein. Denn die Kunst, die von Atalanta repräsentiert wird, ist an sich, wenn ihr nichts im Wege steht, sehr viel schneller als die Natur, sie ist, wie man sagen könnte, der bessere Läufer und erreicht ihr Ziel schneller. Das zeigt sich an nahezu allen Dingen: Man sieht, daß sich Obstbäume nur langsam aus dem Kern, aber sehr viel schneller durch das Aufpfropfen von Zweigen entwickeln, daß Lehm sehr langsam zu Stein wird, während er sehr schnell zu Stein gebrannt werden kann. Auch die Sitten betreffend kann man beobachten, daß es sehr lange dauert, bis durch die Wohltaten der Natur ein Schmerz vergessen und Trost gefunden werden kann, während die Philosophie (die gleichsam die Kunst zu leben ist), den Tag nicht abwartet, sondern ihn vorhersieht und vor Augen führt. Dann aber wird dieser Vorsprung und die Fähigkeit der Kunst zum unendlichen Nachteil der Menschheit, durch jene goldenen Äpfel behindert. Denn es gibt keine Wissenschaft oder Kunst, die ihren wahren und richtigen Weg bis zum Ziel unbeirrt beibehält. Vielmehr geschieht es fortwährend, daß die Künste ihre Unternehmungen auf halbem Wege unterbrechen, vom Pfad abweichen und sich wie Atalanta Gewinn und Nutzen zuwenden:

»Declinat cursus, aurumque volubile tollit.«[35]

Und deshalb ist es nicht verwunderlich, daß es der Kunst nicht gegeben ist, den Sieg über die Natur zu erringen und sie nach den Bedingungen und Regeln des Wettkampfs zu töten und zu zerstören, sondern sie im Gegenteil der Natur unterworfen bleibt, wie das Weib dem Ehemann.

XXVI. Prometheus oder die Situation des Menschen

Die Alten berichten, die Menschen seien von Prometheus aus Lehm erschaffen worden, nur daß er darunter Teile von verschiedenen Tieren mischte. Um sein Werk zu befördern und zu beschützen und um nicht nur als Begründer, sondern auch als Verbesserer und Vermehrer des Menschengeschlechts zu gelten, schlich er sich mit einem Bündel Birkenreiser in der Hand in den Himmel, entzündete es am Sonnenwagen, brachte das Feuer zur Erde und zeigte den Menschen seinen Gebrauch.

Für diese große Gabe zeigten sich die Menschen (so wird gesagt) jedoch keineswegs dankbar, sondern verschworen sich vielmehr gegen ihn und klagten ihn und seine Erfindung bei Jupiter an. Die Sache wurde freilich anders aufgenommen, als sie erwartet hatten. Denn die beklagte Tat gefiel Jupiter wie den übrigen Göttern außerordentlich, ja, sie waren so entzückt, daß sie den Menschen nicht nur den Gebrauch des Feuers gestatteten, sondern ihnen ein weiteres Geschenk machten, das überaus annehmbar und wünschenswert war: ewige Jugend. In unmäßiger, törichter Freude luden die Menschen das Geschenk der Götter auf den Rücken eines Esels, der sich auf dem Heimweg, von großem Durst geplagt, zu einer Quelle begab, aus der zu trinken die Schlange, die diesen bewachte, ihm jedoch nur unter der Bedingung erlaubte, daß er ihr als Lohn das gäbe, was er auf dem Rükken trage, was auch immer es sei. Der arme Esel willigte ein, und so ging für einen Schluck Wasser die ewige Erneuerung der Jugend von den Menschen auf die Schlangen über.

Prometheus aber ließ von seinen Schurkereien nicht ab, er versöhnte sich zwar wieder mit den Menschen, nachdem sie so um ihr Geschenk betrogen worden waren, war jedoch noch immer gegen Jupiter so erbittert, daß er selbst bei einer Opfergabe vor Betrug nicht zurückschreckte. Als er einmal, so wird berichtet, zwei Stiere geschlachtet hatte, füllte er die Haut des einen mit dem Fleisch und dem Fett beider, während er die andere nur mit Knochen füllte. Er brachte beide zum Altar, wo er Jupiter mit der Miene der Frömmigkeit und Freigebigkeit die Wahl überließ. Jupiter, der diese Hinterlist und Scheinheiligkeit verabscheute, darin aber eine Gelegenheit zur Rache sah, wählte absichtlich den falschen Stier. Als er dann auf Rache sann, erkannte er, daß er die Überheblichkeit des Prometheus nur dämpfen konnte, wenn er das Menschengeschlecht schlug, auf dessen Erschaffung Prometheus so außerordentlich stolz und eingebildet war. Daher befahl er Vulcan, ein schönes und anmutiges Weib zu formen. Nachdem er sie geschaffen hatte, erhielt sie von jedem Gott eine bestimmte Gabe, weshalb sie Pandora genannt wurde. Dann gaben sie ihr eine hübsche Büchse in die Hand, die sämtliche Übel und Nöte enthielt, nur auf ihren Boden legten sie die Hoffnung. Mit dieser Büchse in der Hand ging sie zuerst zu Prometheus, um zu sehen, ob er sie nehmen und öffnen würde. Prometheus jedoch war vorsichtig und schlau und lehnte es ab, die Büchse zu öffnen. Nach dieser Zurückweisung ging sie zu Epimetheus, der zwar der Bruder des Prometheus, aber von völlig anderem Charakter war, und die Büchse ohne zu zögern öffnete. Als er jedoch all die Übel herauskommen sah und nun, als es zu spät war, begriff, was er getan hatte, kämpfte er mit aller Kraft, um den Dekkel so schnell wie möglich wieder zu schließen, aber das einzige, was er noch zurückhalten konnte, war die am Boden befindliche Hoffnung. Zuletzt beschuldigte Jupiter den Prometheus zahlreicher schwerer Verbrechen – daß er einst das Feuer vom Himmel gestohlen habe, daß er Jupiters Majestät mit seinem betrügerischen Opfer verhöhnt habe, daß er sein Geschenk geschmäht und zu all dem noch ein weiteres Verbrechen hinzugefügt habe, als er versuchte, Pallas zu schänden –, ließ ihn in Ketten werfen und verurteilte ihn zu ewigen Martern. Auf Jupiters Geheiß wurde er in den Kaukasus gebracht und dort so fest an einen Felsen geschmiedet, daß er sich nicht bewegen konnte. Bei ihm war ein Adler, der ihm tagsüber die Leber zerhackte und wegfraß, was aber am Tage weggefressen worden war, wuchs in der Nacht wieder nach, so daß den Qualen niemals der Stoff ausging.

Es wird jedoch berichtet, daß seine Strafe schließlich ein Ende nahm, als Herkules, der in einem Kelch, den der Sonnengott ihm geschenkt hatte, über den Ozean segelte, zum Kaukaus gelangte, den Adler mit seinen Pfeilen erschoß und Prometheus befreite.

Zu Ehren des Prometheus wurden bei einigen Völkern Spiele eingeführt, die Fackelläufe genannt wurden, bei denen die Läufer brennende Fackeln trugen, und wenn eine Fackel verlosch, mußte ihr Träger ausscheiden und den Sieg den nachfolgenden Läufern überlassen. Wer als erster mit brennender Fackel das Ziel erreichte, errang den Sieg.

Diese Sage enthält und erfordert zahlreiche wahrhafte und ernste Betrachtungen, von denen einige bereits vor langer Zeit angestellt worden sind, während andere noch gänzlich unberührt geblieben sind. Prometheus repräsentiert klar und eindeutig die Vorsehung und das einzige, was die Alten als das besondere und eigentümliche Werk der Vorsehung betrachtet haben, nämlich die Erschaffung und Begabung des Menschen. Der Grund dafür war zweifellos, daß das Wesen des Menschen (hominis natura) den Geist (mens) und den Intellekt (intellectus), der der Sitz der Vorsehung ist, in sich schließt, und da es hart und unglaublich wäre, die Vernunft und den Geist (rationem et mentem) aus grausamen und irrationalen Prinzipien abzuleiten, folgt daraus nahezu notwendig, daß der menschliche Geist nicht ohne das Vorbild, die Absicht und den Schutz der höheren Vorsehung ausgestattet worden ist. Aber das ist nicht alles. Das Hauptziel der Allegorie scheint zu sein, daß der Mensch, wenn wir auf die Zweckursachen blicken, als der Mittelpunkt der Welt betrachtet werden kann, und zwar derart, daß, wenn der Mensch aus der Welt genommen würde, der Rest völlig verstreut erscheinen würde, ohne Ziel und Zweck und zu nichts führen würde. Denn das gesamte Universum dient dem Menschen, und es gibt nichts, woraus er nicht seinen Nutzen und seine Früchte zieht. Die Umdrehungen und Bahnen der Sterne dienen ihm sowohl zur Unterscheidung der Jahreszeiten als auch zur Einteilung der Weltkreise. Die Meteore dienen ihm zur Vorhersage des Wetters, die Winde treiben seine Schiffe und bewegen seine Mühlen und Maschinen, Pflanzen und Tiere sind dazu geschaffen, ihn mit Wohnung und Unterkunft, Nahrung oder Heilmitteln zu versorgen, seine Arbeit zu erleichtern oder ihn zu erfreuen und zu erfrischen, so daß alle Dinge sich um den Menschen und nicht um sich selbst zu drehen scheinen.

Nicht ohne Grund wird auch hinzugefügt, daß in der Masse und dem Stoff, aus dem der Mensch zusammengefügt wurde, Teile verschiedener Tiere hinzugefügt und mit Lehm vermischt wurden, denn es ist gewiß, daß von allen Gegenständen des Universums der Mensch der am meisten zusammengesetzte ist, so daß ihn die Alten nicht ohne Grund als Mikrokosmos bezeichneten. Denn wenn auch die Alchimisten mit der Behauptung, in jedem Menschen finde sich etwas von jedem Mineral, jeder Pflanze etc. oder etwas, das diesen entspricht, das Wort Mikrokosmos allzu wörtlich genommen haben und damit die Eleganz des Begriffs verwaschen und seine Bedeutung nahezu zerstört haben, so ist doch sicher und unbestreitbar der menschliche Körper von allen Dingen der am stärksten gemischte und organischste und besitzt deshalb bewundernswerte Kräfte (virtutes) und Fähigkeiten (facultates). Denn die Kräfte einfacher Körper sind gering, wenn sie auch sicher und schnell sind, weil sie kaum durch Mischung zersplittert, geschwächt und ausgeglichen sind. Fülle und Vortrefflichkeit an Kraft wohnt jedoch nur der Mischung und Zusammensetzung inne.

Dennoch sehen wir, daß der Mensch bei seinem Ursprung wehrlos und nackt ist, unfähig, sich selbst zu helfen und daher auf zahlreiche Dinge angewiesen ist. Deshalb beschleunigte Prometheus die Erfindung des Feuers, das bei fast allen menschlichen Bedürfnissen Linderung und Abhilfe schafft. Denn wenn die Seele die Form aller Formen und die Hand das Werkzeug aller Werkzeuge ist, dann darf man das Feuer den Helfer aller Helfer und die Kraft aller Kräfte nennen, das in vielfältiger Weise jegliche Verrichtungen und Handwerke und selbst die Wissenschaften unterstützt und befördert.

Die Art und Weise, wie Prometheus das Feuer stahl, ist passend und dem Wesen der Sache gemäß beschrieben: Er habe, so heißt es, ein Bündel Birkenreiser an den Sonnenwagen gehalten. Reiser aber werden zum Schlagen genutzt, womit klar ausgedrückt wird, daß Feuer durch gewaltsames Stoßen und Reiben zweier Körper aneinander entzündet wird, denn dadurch wird der Stoff, aus dem sie beschaffen sind, verdünnt und in Bewegung gesetzt und vorbereitet, die Hitze der Himmelskörper aufzunehmen und so durch einen verborgenen Prozeß – gleichsam einen Diebstahl – dem Sonnenwagen das Feuer zu entreißen.

Dem folgt ein bemerkenswerter Teil der Allegorie. Die Menschen, so wird berichtet, zeigten sich, anstatt sich erkenntlich und dankbar zu erweisen, unwillig und verärgert, und klagten Prometheus und sein Feuer bei Jupiter an, der von dieser Handlung so erfreut war, daß er dem Menschengeschlecht dafür weitere Wohltaten erwies. Wie aber konnte das Verbrechen der Undankbarkeit gegenüber seinem Wohltäter, das nahezu alle anderen Verbrechen in sich einschließt, beifällig aufgenommen und belohnt werden? Nun, die Sache scheint auf etwas anderes zu zielen. Die Allegorie bedeutet hier folgendes: Die Beschuldigung und Anklage seiner eigenen Natur und Kunst durch den Menschen entspringt einem hervorragenden Zug des Geistes und zielt auf das Gute, während das Gegenteil den Göttern verhaßt ist und keinen Nutzen bringt. Denn denjenigen, die das menschliche Wesen oder die erworbenen Künste unmäßig loben und sich in der Bewunderung dessen verschwenden, was sie bereits besitzen und die von ihnen gepflegten Wissenschaften für vollkommen halten, fehlt es erstens an der Achtung vor dem göttlichen Wesen, mit dessen Vollkommenheit sie sich messen zu können meinen, und zweitens an der Nützlichkeit für den Menschen, weil sie glauben, den Gipfel der Dinge schon erreicht und ihr Werk vollendet zu haben, und daher nicht mehr weiterzukommen suchen. Diejenigen dagegen, die voller Beschwerden sind und die Natur wie die Künste anklagen und beschuldigen, bewahren nicht nur (wenn man es recht betrachtet) einen wahrhaft bescheideneren Sinn, sondern werden auch fortwährend zu neuem Fleiß und zu neuen Erfindungen angespornt.

Daher wundere ich mich um so mehr über die Unwissenheit und üble Geisteshaltung der Menschen, die, von der Anmaßung einiger weniger überwältigt, die Philosophie der Peripatetiker in solchem Ansehen halten, die doch nur ein Bruchstück und nicht einmal ein besonders bedeutendes der griechischen Philosophie war, daß jeder Versuch, sie zu kritisieren, nicht nur zwecklos, sondern sogar verdächtig und geradezu gefährlich erscheint. Der anmaßenden und dogmatischen Schule des Aristoteles sind dagegen meiner Meinung nach sowohl der zornige Empedokles[36] als auch der zurückhaltendere Demokrit vorzuziehen, die beklagen, daß alle Dinge in Dunkel gehüllt sind, daß wir nichts wissen, nichts unterscheiden, daß die Wahrheit in tiefen Abgründen verborgen liegt, daß das Wahre und das Falsche merkwürdig miteinander verknüpft und verflochten sind (während die neue Akademie zu anmaßend war). Daher sollen die Menschen daran erinnert werden, daß sie durch die Anklage der Natur und der Künste den Göttern wohlgefällig sind und weitere Segnungen und Gaben durch die göttliche Güte erlangen und daß die Beschuldigung des Prometheus, wenn er auch unser Schöpfer und Lehrer ist, heilsamer und nützlicher ist, als ein Übermaß an Lob und Dankbarkeit, denn die Überzeugung des Überflusses ist eine der Hauptursachen des Mangels.

Was nun die Gabe anbetrifft, die die Menschen als Lohn für ihre Anklage erhalten haben sollen, nämlich die niemals verwelkende Blüte der Jugend, so scheint sie zu zeigen, daß die Alten die

Hoffnung nicht aufgegeben haben, Wege und Mittel für die Verzögerung des Alterns und die Verlängerung des Lebens zu finden, sondern sie vielmehr zu den Dingen zählten, welche die Menschen einst besaßen, durch Trägheit und Nachlässigkeit aber verloren haben, als zu denen, die den Menschen immer versagt und niemals erlaubt waren. Das bedeutet, daß durch den richtigen Gebrauch des Feuers und durch die gerechte und tugendhafte Anklage und Aufdeckung der Irrtümer der Kunst es den Menschen an der göttlichen Freigebigkeit hinsichtlich solcher Gaben nicht gemangelt hätte, sondern daß es die Menschen vielmehr an sich selbst mangeln ließen, als sie das Geschenk der Götter auf den Rücken eines faulen, schwerfälligen Esels packten. Hiermit scheint die Erfahrung gemeint zu sein, jenes stumpfsinnige und stets zu spät kommende Etwas, auf dessen langsamen Schildkrötengang die antike Klage, das Leben sei kurz, die Wissenschaft aber lang (vita brevis ars longa) zurückgeht. Ich für meinen Teil bin der festen Überzeugung, daß diese beiden Fähigkeiten – die dogmatische und die empirische – bisher noch nicht gut miteinander verbunden und gepaart worden sind, sondern daß neue Geschenke der Götter entweder der abstrakten Philosophie, gleichsam einem schwerelosen Vogel, oder der langsamen und trägen Erfahrung, d. h. einem Esel, aufgebürdet worden sind. Zur Verteidigung des Esels muß jedoch gesagt werden, daß er vielleicht genügt hätte, wenn nicht sein Durst ihn vom Wege abgebracht hätte. Denn ich bin überzeugt, daß jemand, der beharrlich einem bestimmten Gesetz und einer Methode der Erfahrung folgt und sich von keinem Durst nach Versuchen, weder zu seinem Nutzen noch zur Prahlerei, vom Wege abbringen ließe und seine Bürde ablegte, um sie zu verkaufen, sicher ein Überbringer neuer und vermehrter göttlicher Gaben wäre.

Was die Übertragung der Gabe auf die Schlangen betrifft, so scheint dies eine allein der Ausschmückung dienende Hinzufügung zu sein, sofern sie nicht zur Beschämung der Menschheit hinzugefügt wurde, die mit ihrem Feuer und ihren vielen Künsten sich nicht das zu verschaffen vermochte, was die Natur so vielen Geschöpfen geschenkt hat.

Die plötzliche Versöhnung der Menschen mit Prometheus nach der Enttäuschung ihrer Hoffnung enthält eine ebenso weise wie nützliche Beobachtung. Sie verweist auf die Leichtfertigkeit und Unbesonnenheit der Menschen bei neuen Experimenten, die, wenn ein Experiment nicht sogleich wunschgemäß gelingt, kopfüber zu ihren alten Gegenständen zurückkehren und sich mit ihnen wieder versöhnen.

Nachdem die Parabel so die Situation des Menschen im Hinblick auf die Künste und geistigen Fähigkeiten (intellectualia) beschrieben hat, geht sie zur Religion über, denn mit der Zivilisation (cultura) oder den Künsten entstand auch die Verehrung der Götter, die sogleich von Heuchelei durchdrungen und befleckt wurde. In den beiden Opfern werden daher sehr schön die Gestalt des wahrhaft frommen Menschen und die des Heuchlers veranschaulicht. Denn das eine Opfer enthielt das Fett, das wegen des Brandes und des süßen Rauchs der Anteil Gottes ist, womit die zur Ehre Gottes entflammte und aufsteigende Liebe und der Eifer gemeint sind. Es enthielt ferner die Eingeweide der Mildtätigkeit sowie das gute und brauchbare Fleisch. In dem anderen befanden sich nichts als die dürren und nackten Knochen, mit denen die Haut so vollgestopft war, daß sie wie ein schönes und stattliches Opfer wirkten. Damit sind jene äußerlichen und hohlen Zeremonien gemeint, mit denen die Menschen den Gottesdienst überladen und aufblähen, Dinge, die eher der Prahlerei als der Frömmigkeit dienen. Auch genügt es den Menschen nicht, Gott solches Blendwerk anzubieten, sondern sie bürden es Gott auf und schreiben es ihm zu, als ob er es selbst gewollt und vorgeschrieben hätte. Es ist sicher diese Art der Wahl, gegen die der Prophet in der Gestalt Gottes (sub Dei persona) zürnt, wenn er sagt: »Num tandem hoc est illud, quod ELEGI, ut homo animam suam in diem unum affligat, et caput instar iunceae demittat?«[37]

Nachdem sie den Zustand der Religion beschrieben hat, wendet sich die Parabel den Sitten (ad mores) und den Bedingungen des menschlichen Lebens zu. Pandora wird zu Recht im allgemeinen als Verkörperung des Genusses (voluptas) und der Lust (libido) beschrieben, die nach der Einführung der Künste, der Kultur und des Luxus in das bürgerliche Leben (vita civilis) durch die Gabe des Feuers gleichsam selbst entzündet wird. Daher werden dem Vulcan, der ebenso das Feuer repräsentiert, die Werke des Genusses zugeschrieben. Und hieraus sind dem Geist, dem Körper und dem Schicksal der Menschen unendliche Übel sowie zu späte Reue erwachsen, und dies nicht nur bei einzelnen, sondern auch in Monarchien und Republiken, denn aus dieser Quelle entspringen Kriege, Aufstände und Tyranneien.

Es ist jedoch der Mühe wert zu betrachten, wie schön und passend die Sage zwei Typen oder Bilder oder Beispiele des menschlichen Lebens in den Gestalten des Prometheus und des Epimetheus entwirft: Die Nachfolger des Epimetheus sind kurzsichtig und kümmern sich nicht um die Zukunft, sondern nur um das Vergnügen des Augenblicks, wodurch sie zahlreiche Übel, Schwierigkeiten und Nöte erleiden, mit denen sie beständig zu kämpfen haben. Gleichzeitig beruhigen sie jedoch ihr Gemüt (genius) und nähren, wie es ihnen ihre Unwissenheit erlaubt, leere Hoffnungen, an denen sie sich wie an süßen Träumen erfreuen, und so die Nöte des Lebens versüßen. Die Nachfolger des Prometheus dagegen sind weise und vorausschauend und verhindern und beseitigen durch ihre Vorsicht zahlreiche Übel und Widrigkeiten. Mit diesem Vorzug verbindet sich jedoch der Nachteil, daß sie sich zahlreiche Genüsse und die verschiedenen Annehmlichkeiten des Lebens versagen, ihr Gemüt von vielen erlaubten Genüssen und Erholungen fernhalten und, was noch schlimmer ist, sich mit Sorgen, Einsamkeit und inneren Ängsten quälen und foltern. Denn an die Säule der Notwendigkeit gefesselt, werden sie von zahllosen Gedanken gequält (die wegen ihrer Flüchtigkeit durch den Adler repräsentiert werden), die unaufhörlich ihre Leber zerhacken, zerfleischen und wegfressen. Und wenn sie von Zeit zu Zeit, etwa in der Nacht, eine gewisse Erholung und Gemütsruhe erfahren, so kehren neue Ängste und Befürchtungen sogleich mit dem Morgen zu ihnen zurück. Es sind daher nur sehr wenige, welche die Vorteile beider Seiten genießen – die Vorzüge der Voraussicht zu nutzen und sich dennoch von den Übeln der Einsamkeit und der Unruhe zu befreien. Und in der Tat kann niemand dieses Ziel erreichen, außer mit Hilfe des Herkules, d. h. mit geistiger Stärke und Standhaftigkeit der Seele, die auf jedes Ereignis vorbereitet ist und jedes Geschick gleichmütig, ohne Furcht erwartet, ohne Verachtung genießt und mit Geduld erträgt. Auch ist es wert, bedacht zu werden, daß diese Stärke Prometheus nicht angeboren war, sondern zufällig und durch Hilfe von außen zuteil wurde. Denn dieser Aufgabe wäre keine angeborene und natürliche Stärke gewachsen, sie kommt von jenseits des Ozeans und wird uns von der Sonne gebracht, denn sie kommt von der Weisheit, die der Sonne gleicht, und dem Nachdenken über die Unbeständigkeit und Wechselhaftigkeit des menschlichen Lebens, das der Überquerung des Ozeans gleicht, die beide von Vergil in den Zeilen verbunden wurden:

»Felix qui potuit rerum cognoscere causas;
Quique metus omnes et inexorabile fatum
Subiecit pedibus, strepitumque Acherontis avari.«[38]

Zur Beruhigung und Ermutigung der Seelen der Menschen wird noch sehr schön hinzugefügt, daß der mächtige Held in einem Becher oder einem Kelch segelte, falls die Menschen zu sehr fürchten, daß die Beschränktheit und Gebrechlichkeit ihres Wesens ihnen eine solche Stärke und Standhaftigkeit unmöglich mache, auf die Seneca sehr schön anspielt, wenn er sagt:

»Magnum est habere simul fragilitatem hominis et securitatem Dei.«[39]

Ich möchte nun jedoch zu einer Stelle zurückkehren, die ich, um den Zusammenhang des Folgenden nicht zu unterbrechen, bisher übergangen habe. Ich meine jenes letzte Verbrechen des Prometheus, den Angriff auf die Keuschheit Minervas. Denn es war dieses Verbrechen – zweifellos ein sehr großes und schweres –, für das er mit der Zerfleischung seiner Leber bestraft wurde. Es scheint sich hier um nichts anderes als das zu handeln, worin die Menschen häufig verfallen, wenn sie von Künsten und Wissenschaften aufgeblasen sind, nämlich zu versuchen, der Herrschaft der Sinne und des Verstandes selbst die göttliche Weisheit zu unterwerfen, was unvermeidlich die Zerfleischung des Geistes und seine rast- und endlose Verwirrung zur Folge hat. Daher muß der Mensch genau und bescheiden zwischen göttlichen und menschlichen Dingen unterscheiden, wenn er nicht eine ketzerische Religion und eine falsche Philosophie haben will.

Der letzte verbleibende Punkt sind die Fackelläufe, die zu Ehren des Prometheus begründet wurden. Sie enthalten, wie auch das Feuer, zu dessen Gedenken und Verherrlichung diese Spiele eingerichtet wurden, eine weise Mahnung, nämlich daß die Vervollkommnung der Wissenschaften nicht von der Schnelligkeit oder Fähigkeit eines einzelnen Forschers erwartet werden darf, sondern von der Aufeinanderfolge vieler. Denn die stärksten und schnellsten Läufer sind vielleicht nicht am besten geeignet, ihre Fackeln am Brennen zu halten, weil sie sowohl durch zu schnelles als auch zu langsames Laufen erlöschen können. Es scheint jedoch, daß diese Fackelläufe und Spiele seit langer Zeit unterbrochen sind, denn es sind immer noch ihre frühesten Autoren – Aristoteles, Galen, Euklid, Ptolemäus –, bei denen wir die verschiedenen Wissenschaften in höchster Vollkommenheit finden, während ihre Nachfolger weder etwas Großes erreicht noch es überhaupt ernstlich versucht haben. Es ist jedoch sehr zu wünschen, daß diese Spiele zu Ehren des Prometheus, d. h. der menschlichen Natur, wieder belebt werden, daß der Sieg nicht länger von der unbeständigen und flackernden Fackel jedes einzelnen abhängt, sondern Wettstreit, Wetteifer und Glück ihnen zu Hilfe kommen. Daher sollten die Menschen ermahnt werden, sich zu erheben und ihre eigene Stärke und ihr eigenes Glück zu versuchen und nicht alles auf die Seelchen und Gehirne einiger weniger zu setzen.

Dies sind die Ansichten, die, wie es mir scheint, in dieser wohl bekannten und altvertrauten Sage dargestellt werden. Es ist richtig, daß darin nicht wenige Dinge enthalten sind, die überraschend mit den Mysterien des christlichen Glaubens übereinstimmen. Besonders wenn Herkules in einem Kelch über das Meer fährt, um Prometheus zu befreien, scheint dies ein Bild des Wortes Gottes darzustellen, das in dem zerbrechlichen Gefäß des Fleisches naht, um die Menschen zu erlösen. Indessen versagen wir uns die Freiheit derartiger Spekulationen, um nicht fremdes Feuer auf dem Altar des Herrn zu schüren.

XXVII. Skylla und Ikarus oder der Mittelweg

Das Mittelmaß (mediocritas) oder der Mittelweg ist in der Sittenlehre (in moralibus) viel gepriesen worden, weniger dagegen in den Wissenschaften (in intellectualibus), wenngleich es hier nicht weniger gut und nützlich ist. In der Politik dagegen ist es fragwürdig und muß mit Verstand gebraucht werden. Das Prinzip des Mittelmaßes in der Sittenlehre wird von den Alten mit der dem Ikarus vorgeschriebenen Bahn durch die Lüfte beschrieben, in der Wissenschaft mit der Durchfahrt zwischen Skylla und Charybdis, die für ihre Schwierigkeit und Gefährlichkeit berühmt ist.

Ikarus wurde von seinem Vater angewiesen, beim Flug über das Meer weder zu hoch noch zu niedrig zu fliegen, denn da seine Flügel mit Wachs zusammengeklebt waren, bestand die Gefahr, daß das Wachs durch die Sonne schmelzen könnte, wenn er zu hoch aufstieg; wenn er aber zu niedrig flöge und dem feuchten Dunst des Meeres zu nahe käme, würden sie durch die Feuchtigkeit ihre Geschmeidigkeit verlieren. Ikarus jedoch schwang sich in jugendlichem Übermut zu weit hinauf und stürzte kopfüber hinab.

Diese Sage ist einfach und wohlbekannt. Der Pfad der Tugend liegt gerade in der Mitte zwischen Übertreibung (excessus) und Mangel (defectus). Es ist kein Wunder, daß (der vor jugendlichem Übermut sprühende) Ikarus der Übertreibung zum Opfer fiel, denn Übertreibung ist die naturgegebene Sünde der Jugend, während der Mangel die des Alters ist. Und wenn Ikarus auf einem der beiden Wege zugrunde gehen mußte, so muß man zugeben, daß von den beiden Wegen, die beide übel und schmerzhaft sind, er den besseren wählte. Denn die Sünden des Mangels werden zu Recht für schlimmer gehalten als die Sünden der Übertreibung. In der Übertreibung nämlich liegt etwas von Großmut, etwas, das wie der Flug eines Vogels mit dem Himmel Verwandtschaft hält, während der Mangel wie ein Reptil auf dem Boden kriecht. Heraklit bemerkte daher trefflich: »Lumen siccum optima anima«[40], denn wenn die Seele Feuchtigkeit aus der Erde aufnimmt, so versinkt und verkümmert sie völlig. Doch auch hier muß Maß gehalten werden: Die zu Recht gepriesene Trockenheit muß so beschaffen sein, daß sie das Licht verfeinert, nicht jedoch so, daß sie Feuer fängt. Freilich ist dies allgemein bekannt.

Wer zwischen Skylla und Charybdis hindurchschiffen will, braucht sowohl Geschick als auch Glück. Denn wenn das Schiff zu nahe an Skylla herankommt, zerschellt es an den Felsen, kommt es zu nahe an Charybdis, so wird es von einem Strudel in die Tiefe gerissen. Mit dieser Allegorie (die ich nur kurz behandeln kann, wenngleich sie Stoff für endlose Überlegungen bietet) soll uns zu verstehen gegeben werden, daß in jedem Wissen oder jeder Wissenschaft sowie in den ihr zugrunde liegenden Regeln und Axiomen ein Mittelweg zwischen den Klippen der Vereinzelung und den Strudeln der Verallgemeinerung eingeschlagen werden muß, denn diese beiden sind berüchtigt für den Schiffbruch der Wissenschaften und der Künste.

XXVIII. Sphinx oder die Wissenschaft

Die Sphinx, so wird berichtet, war ein vielgestaltiges Monster. Sie hatte das Antlitz und die Stimme einer Jungfrau, die Flügel eines Vogels und die Klauen eines Greifs. Sie wohnte auf dem Gipfel eines Berges nahe Theben und bewachte die Straßen. Sie pflegte Reisenden aufzulauern und sie zu überfallen, und wenn sie diese überwältigt hatte, gab sie ihnen gewisse dunkle und verwickelte Rätsel auf, von denen man annahm, daß sie sie von den Musen erhalten habe. Und wenn die unglücklichen Gefangenen sie nicht sogleich lösen und deuten konnten, fiel sie, während sie unschlüssig und verwirrt dastanden, über sie her und riß sie in Stücke. Nachdem dieses Unglück einige Zeit geherrscht hatte, boten die Thebaner jedem, der das Rätsel lösen könne (denn das war der einzige Weg, sie zu besiegen), als Lohn die Herrschaft über Theben an. Die Größe der Belohnung reizte Ödipus, der scharfsinnig und klug war, aber wegen einer Verletzung an den Füßen lahmte, sich auf die Bedingung einzulassen und den Versuch zu wagen. Zuversichtlich und guter Dinge trat er ihr gegenüber, und als sie ihn fragte, welches Tier das sei, das vierfüßig geboren wird, dann zweifüßig, danach dreifüßig und zuletzt wieder vierfüßig wird, antwortete er geistesgegenwärtig: der Mensch, der bei seiner Geburt und als kleines Kind sich auf allen vieren fortbewegt und zunächst zu kriechen versucht, wenig später auf beiden Beinen aufrecht geht, sich in späteren Jahren auf einen Stock stützt und so gleichsam auf drei Beinen geht und schließlich als altersschwacher Greis kraftlos auf alle viere zurücksinkt und an das Bett gefesselt ist. Nachdem er mit dieser richtigen Antwort den Sieg errungen hatte, erschlug er die Sphinx, deren Leichnam sodann auf den Rücken eines Esels geladen und im Triumphzug umhergetragen wurde, während er selbst gemäß dem Vertrag König von Theben wurde.

Dies ist eine ebenso schöne wie weise Sage, die zur Beschreibung der Wissenschaft, insbesondere in ihrem Bezug zur Praxis erdacht worden zu sein scheint. Denn die Wissenschaft kann durchaus als Monster bezeichnet werden, insofern sie für die Unwissenden und Unerfahrenen geradezu ein Wunder ist. Ihre Gestalt und ihr Äußeres werden als vielfältig beschrieben, in Anbetracht der immensen Vielfalt der Gegenstände, mit denen sie sich beschäftigt. Das Gesicht und die Stimme einer Frau werden ihr wegen ihrer Anmut und Geschwätzigkeit zugeschrieben; die Flügel werden hinzugefügt, weil die Wissenschaften und ihre Entdeckungen in einem Augenblick umherlaufen und davonfliegen, denn die Verbreitung des Wissens gleicht dem Entzünden einer Kerze durch eine andere, die sogleich aufleuchtet. Scharfe und gebogene Klauen werden ihr sehr schön zugeschrieben, denn die Axiome und Argumente durchdringen den Geist, bemächtigen sich seiner und halten ihn fest, so daß er nicht flüchten und entkommen kann, was auch der göttliche Philosoph bemerkte, als er sagte: »Verba Sapientum sunt tanquam Aculei et veluti Clavi in altum defixi.«[41]

Überdies scheint alle Wissenschaft auf steilen und hohen Bergen zu thronen, denn man betrachtet sie zu Recht als etwas Würdiges und Erhabenes, das auf die Unwissenheit gleichsam von einem höheren Ort herabschaut und überdies einen weiten Blick nach allen Seiten genießt, wie man ihn von Bergeshöhen aus hat. Es wird von ihr gesagt, sie belauere die Straßen, denn überall auf der Reise oder Pilgerfahrt des menschlichen Lebens begegnen uns Gegenstände und Gelegenheiten der Betrachtung und drängen sich uns auf. Auch gibt die Sphinx dem Menschen eine Reihe schwerer Fragen und Rätsel auf, die sie von den Musen empfangen hat. Solange sie bei den Musen verbleiben, mag in ihnen keine Grausamkeit liegen, denn solange das Ziel der Betrachtung und Untersuchung nichts anderes als die Erkenntnis ist, wird der Verstand (intellectus) weder bedrängt noch in die Enge getrieben, sondern schweift umher und dehnt sich aus und findet selbst an Zweifeln und an Unbeständigkeit eine gewisse Freude und Unterhaltung. Sobald sie aber von den Musen auf die Sphinx,

d. h. auf die Praxis übergegangen sind, die zum Handeln, zur Wahl und zur Entscheidung reizt und drängt, beginnen die Rätsel beschwerlich und grausam zu werden, und solange sie nicht gelöst und entschlüsselt sind, quälen und verwirren sie den menschlichen Geist auf wundersame Weise, stürzen ihn in Zweifel und zerreißen ihn völlig. Überdies ist an die Rätsel der Sphinx immer eine zweifache Bedingung geknüpft: Zerfleischung für diejenigen, die sie nicht lösen, ein Königreich für diejenigen, die sie lösen. Denn wer weiß, was er wissen will, hat sein Ziel erreicht, und jeder Handwerker ist der Herr seiner Arbeit.

Die Rätsel der Sphinx sind nur von zweifacher Art: Rätsel über das Wesen der Dinge oder Rätsel über das Wesen des Menschen, und dementsprechend gibt es zwei Arten der Herrschaft, die als Belohnung für ihre Lösung winken: die Herrschaft über die Natur und die Herrschaft über den Menschen.

Denn die Herrschaft über die Dinge der Natur (imperium in res naturales) – über Körper, Heilmittel, mechanische Kräfte und zahllose andere Dinge – ist das wahre und höchste Ziel der Naturphilosophie (philosophia naturalis), auch wenn die Schulphilosophie mit dem zufrieden ist, was sich ihr dabietet und aufgebläht von ihrem eigenen Geschwätz die Dinge und die Werke ablehnt oder verachtet.

Das Rätsel, durch dessen Lösung Ödipus zum König von Theben wurde, bezog sich jedoch auf das Wesen des Menschen, denn wer einen tiefen Einblick in das menschliche Wesen getan hat, vermag sein Glück, fast wie es ihm beliebt, zu schmieden und ist zur Herrschaft geboren, wie denn auch zu Recht über die Künste der Römer gesagt wurde:

»Tu regere imperio populos, Romane memento:
Hae tibi erunt artes.«[42]

Es war daher sehr passend, daß Kaiser Augustus, sei es absichtlich oder zufällig, eine Sphinx auf seinem Siegel trug, denn wenn es jemals einen herausragenden Politiker gab, so war er es, und es gelang ihm im Verlauf seines Lebens, mit viel Glück zahlreiche Rätsel zu lösen, die ihn, wenn er sie nicht mit großem Geschick und schnell gelöst hätte, häufig in große Gefahr gebracht, wenn nicht gar dem Untergang geweiht hätten.

In der Sage wird noch sehr schön hinzugefügt, daß der Leichnam der besiegten Sphinx auf den Rücken eines Esels geladen wurde, denn es gibt nichts so Spitzfindiges und Verborgenes, daß es nicht von der langsamsten Auffassungsgabe begriffen werden könnte, wenn es erst einmal gründlich verstanden und allgemein bekannt gemacht worden ist. Es sollte auch nicht außer acht gelassen werden, daß die Sphinx von einem Lahmen mit einem Klumpfuß besiegt wurde, denn die Menschen pflegen allzu rasch und hastig zu den Rätseln der Sphinx zu eilen, mit der Folge, daß die Sphinx die Oberhand behält und der menschliche Geist mehr von Streitigkeiten zerrissen wird, als daß die Menschen durch seine Werke und Wirkungen herrschen.

XXIX. Proserpina oder der Geist

Die Alten berichten, daß Pluto, als er bei der denkwürdigen Teilung der Herrschaft zwischen den Göttern die Unterwelt erhielt, die Hoffnung aufgab, jemals eine der Göttinnen durch Gespräche und Liebeswerben für sich gewinnen zu können, und sich in seiner Not entschloß, eine von ihnen zu rauben. Als eines Tages Proserpina, die Tochter der Ceres, eine überaus liebliche Jungfrau, auf den Wiesen Siziliens Narzissen pflückte, ergriff er die Gelegenheit, überfiel sie und entführte sie auf seinem Wagen in die Unterwelt. Dort wurde ihr große Ehrerbietung erwiesen, ja, sie wurde gar die Herrin des Dis genannt. Ihre Mutter Ceres aber, die voller Kummer und Angst über das Verschwinden ihrer geliebten Tochter war, durchwanderte mit einer brennenden Fackel in der Hand die ganze Welt, um ihre verlorene Tochter wiederzufinden. Als sie sah, daß ihre Suche vergeblich war, und den Verdacht hegte, daß sie in die Unterwelt entführt worden sei, bestürmte sie Jupiter unter Tränen und Klagen, sie zurückbringen zu dürfen. Schließlich rang sie Jupiter das Versprechen ab, sie wieder zurückholen zu dürfen, wenn sie nichts gegessen habe, was zur Unterwelt gehöre.

Diese Bedingung stand dem Wunsch der Mutter jedoch entgegen, denn es stellte sich heraus, daß Proserpina drei Kerne eines Granatapfels gegessen hatte. Dies hielt Ceres jedoch nicht davon ab, ihre Bitten und Klagen zu erneuern, und schließlich wurde ihr zugestanden, daß Proserpina das Jahr zwischen den beiden aufteilen und abwechselnd sechs Monate bei ihrem Gatten und sechs Monate bei ihrer Mutter verbringen solle. Wenig später wurde von Theseus und Perithous der verwegene Versuch unternommen, Proserpina aus dem Gemach des Dis zu entführen, als sie sich aber unterwegs noch in der Unterwelt auf einen Stein setzten, um zu rasten, konnten sie sich nicht mehr erheben, sondern mußten für immer darauf sitzen bleiben. So blieb Proserpina Königin der Unterwelt. Ihr zu Ehren wurde ein neues, großes Privileg geschaffen, nämlich daß von der Bestimmung, niemand, der in die Unterwelt hinabgestiegen sei, dürfe wieder zurückkehren, eine einzige Ausnahme für denjenigen gemacht wurde, der Proserpina einen bestimmten goldenen Zweig mitbrachte. Dieses Geschenk berechtigte ihn, hinabzusteigen und wieder zurückzukehren. Es war ein einzelner Zweig, der in einem großen, dunklen Wald wuchs, freilich nicht auf einem eigenen Stamm, sondern wie die Mistel auf einem fremden Baum, und pflückte man ihn ab, so sproß stets ein neuer an seiner Stelle hervor.

Diese Sage scheint sich auf die Natur zu beziehen und jene reiche und fruchtbare Kraft und Fülle zu ergründen, die in der Unterwelt wirkt und aus der alles Wachstum auf der Erde entspringt und zu der alles zurückkehrt. Mit Proserpina bezeichneten die Alten jenen himmlischen Geist, der, gewaltsam von der oberen Welt getrennt, unter der Erde (die von Pluto repräsentiert wird) eingeschlossen und eingesperrt ist, was nicht schlecht in diesen Zeilen ausgedrückt wird:

> »Sive recens tellus, seductaque nuper ab alto
> Aethere, cognati retinebat femina coeli.«[43]

Diesen Geist stellte man sich als entführt, d. h. plötzlich und gewaltsam von der Erde hinweggerissen, vor, denn er ist durch nichts zurückzuhalten, wenn er Zeitpunkt und Gelegenheit zur Flucht findet. Der einzige Weg, ihn festzuhalten, besteht in plötzlichem Zerbrechen und Zerschlagen, als wolle man Luft mit Wasser vermischen, was nur durch plötzliches und heftiges Schütteln erreicht werden kann, wodurch diese Körper als Schaum vereinigt werden, indem die Luft gleichsam vom Wasser an sich gerissen wird.

Nicht unelegant ist auch hinzugefügt, daß Proserpina entführt wurde, während sie in den Tälern Narzissen pflückte, denn die Narzisse hat ihren Namen von der Lähmung oder Erstarrung, und nur wenn er zu gerinnen oder gleichsam zu erstarren beginnt, ist dieser Geist bereit und geeignet, von der irdischen Materie (materia terrestris) geraubt zu werden. Es ist auch recht, daß Proserpina eine Ehre zukommt, die der Gattin keines anderen Gottes zukommt – die Herrin des Dis genannt zu werden, denn der Geist lenkt (administrat) in diesen Regionen alles, während Pluto stumpfsinnig und unwissend bleibt.

Der Äther oder die Kraft des Himmels (die von Ceres dargestellt wird) strebt mit unermüdlichem Eifer danach, diesen Geist heraufzuholen und wieder zurückzubringen. Und die Fackel, die der Äther trägt, die brennende Fackel in Ceres' Hand, steht zweifellos für die Sonne, die auf der ganzen Erde Licht verbreitet und mehr als alles andere zur Zurückholung Proserpinas tun würde, wenn dies überhaupt möglich wäre. Aber Proserpina bleibt, wo sie ist, und der Grund dafür wird sehr genau und schön in den beiden Vereinbarungen Jupiters mit Ceres geschildert. Was die erste Vereinbarung angeht, so ist es sicher, daß es zwei Wege gibt, den Geist in der festen irdischen Materie festzuhalten: zum einen durch Zusammendrängen (constipatio) und Verbauung (obstructio), was nichts anderes als Einkerkerung und Gewalt ist, andererseits durch die Gewährung geeigneter Nahrung, was aus eigenem Antrieb und bereitwillig geschieht. Wenn nämlich der eingesperrte Geist sich zu ernähren und zu sättigen beginnt, drängt er nicht mehr zur Flucht und ist gleichsam seinem eigenen Boden verhaftet. Und dies ist mit Proserpinas Kosten des Granatapfels gemeint, und hätte sie es nicht getan, so wäre sie längst von Ceres hinweggeführt worden, als diese den Erdkreis mit der Fackel in der Hand auf der Suche nach ihr durchstreifte. Denn wenngleich der den Metallen und Gesteinen innewohnende Geist hauptsächlich durch die Festigkeit der Masse daran gehindert wird zu entweichen, so wohnt der Geist, der in Pflanzen und Tieren eingeschlossen ist, doch in durchlässigen Körpern, aus denen er leicht entkommen könnte, wenn er nicht durch jene Form des Kostens freiwillig darin verbliebe. Was die zweite Vereinbarung betrifft – daß sie bei jeder Partei je sechs Monate verbringen sollte –, so ist sie nichts anderes als eine schöne Beschreibung der Unterteilung des Jahres, denn der in der Erde verbreitete Geist lebt während der Sommermonate in der Pflanzenwelt oberhalb der Erde und kehrt in den Wintermonaten unter die Erde zurück.

Was nun den von Theseus und Peristhous unternommenen Versuch anbelangt, Proserpina zu entführen, so bedeutet er, daß es den feineren Geistern, die in zahlreichen Körpern zur Erde herabsteigen, häufig nicht gelingt, den unterirdischen Geist aufzusaugen, sich mit ihm zu vereinigen und ihn zu entführen, sondern im Gegenteil, sie gerinnen und erwachen dann nie mehr wieder, womit sie die Zahl von Proserpinas Untertanen vermehren und ihre Herrschaft erweitern.

Was den goldenen Zweig betrifft, so mag es schwierig für mich erscheinen, den Alchemisten zu widersprechen, wenn sie mich von dieser Seite attackieren, da sie uns mit ihrem Stein nicht nur goldene Berge, sondern auch die Errettung der natürlichen Körper vor den Toren der Hölle verheißen. Aber hinsichtlich der Alchemie und derjenigen, die fortwährend nach diesem Stein der Weisen suchen, sind wir der festen Überzeugung, daß ihre Theorie jeder Grundlage entbehrt, und fürchten, daß auch ihre Praxis nicht von Erfolg gekrönt ist. Wir können sie daher vernachlässigen und hier unsere eigene Deutung des letzten Teils der Allegorie darlegen. Aufgrund zahlreicher Beispiele bei den Alten neige ich zu der Überzeugung, daß die Erhaltung und Wiederherstellung der natürlichen Körper von den Alten in gewisser Weise nicht als gänzlich unmöglich, sondern eher als schwierig und abseitig betrachtet wurde, worauf sie hinzuweisen scheinen, wenn sie berichten, daß dieser einzelne, einzige Zweig nur zwischen unendlich vielen anderen Bäumen in einem tiefen und dunklen Wald zu finden sei. Sie beschrieben ihn als golden, weil Gold das Zeichen der Dauer ist, und als fremd, weil eine solche Wirkung nur von der Kunst, nicht aber von irgendeiner Medizin oder einer einfachen oder natürlichen Methode zu erwarten ist.

XXX. Metis oder der Rat

Die antiken Dichter erzählen, daß Jupiter Metis, deren Name einfach Rat bedeutet, zur Frau nahm, und als er bemerkte, daß sie schwanger war, auf keinen Fall ihre Niederkunft abwarten wollte, sondern sie einfach verschlang, wodurch er selbst schwanger wurde und auf wunderbare Weise gebar: Aus seinem Kopf oder Gehirn entsprang die gerüstete Pallas.

Diese monströse und auf den ersten Blick überaus albern wirkende Sage scheint ein Geheimnis der Herrschaft (arcanum imperii) zu enthalten, indem sie zeigt, mit welcher Verschlagenheit sich Könige gegenüber ihren Ratgebern verhalten, um ihre eigene Autorität und Souveränität (maiestas) unangetastet zu bewahren und sie in den Augen ihres Volkes zu mehren und auszudehnen. Denn die Könige, die mit ihren Ratgebern gleichsam durch ein eheliches Band verbunden und verknüpft sind und sich einer weisen und klugen Sitte gemäß mit ihnen über alle Angelegenheiten von großer Wichtigkeit beraten, wissen sehr wohl, daß dies ihrer Souveränität keinen Abbruch tut. Aber wenn die Zeit reif ist für eine Entscheidung (was der Geburt gleichkommt), begrenzen und beschränken sie die Freiheit ihrer Ratgeber, damit es nicht den Anschein hat, als seien ihre Entscheidungen vom Willen der Berater abhängig. Nunmehr (außer wenn die Angelegenheit von solcher Art ist, daß sie den dadurch erregten Haß von sich fernhalten wollen) ziehen Könige alles, was die Ratgeber für sie ausgearbeitet oder gleichsam in ihrem Schoß ausgeformt haben, an sich, so daß die Entscheidung oder Durchführung scheinbar von ihnen selbst ausgeht (und da diese mit Macht und Notwendigkeit ins Leben tritt, ist es sehr schön, sie in der Gestalt der Pallas darzustellen). Es genügt aber auch nicht, daß die Autorität der Könige und ihr freier, uneingeschränkter und unabhängiger Wille zu dem Ratschluß hinzutreten, sondern sie müssen ihre Untertanen glauben machen, daß die Entscheidungen ihrem eigenen Kopf, d. h. ihrem eigenen Urteil und ihrer eigenen Weisheit entspringen.

XXXI. Die Sirenen oder der Genuß

Die Sage von den Sirenen wird mit Recht auf die verderblichen Anreize zum Genuß (voluptas) bezogen, freilich nur in einem überaus vulgären Sinn. Mir scheint es daher, als gleiche hier die Weisheit der Alten schlecht gepreßten Trauben: Einiges ist daraus gewonnen worden, aber die besten Teile blieben unberührt.

Die Sirenen, so heißt es, waren die Töchter des Achelous und der Terpsichore, einer der Musen. Ursprünglich hatten sie Flügel, nachdem sie aber in einem Wettkampf mit den Musen, die sie unbedacht herausgefordert hatten, unterlegen waren, wurden ihnen die Flügel genommen, aus denen die Musen Kronen für sich machten. Seitdem trugen die Musen, mit Ausnahme der Mutter der Sirenen, Flügel auf ihren Häuptern.

Diese Sirenen wohnten auf gewissen lieblichen Inseln, von wo aus sie nach Schiffen Ausschau hielten, und wenn sie von ihrer Warte aus ein Schiff sich nähern sahen, fesselten sie die Schiffer zunächst durch ihren Gesang, lockten sie dann ans Ufer und töteten sie. Ihr Gesang war nicht immer gleich, sondern sie paßten ihre Weise immer dem Charakter jedes einzelnen an, um ihn zu fesseln. Sie waren eine solche Geißel, daß die Inseln der Sirenen durch die Gebeine der unbestatteten Leichname von ferne weiß zu sein schienen.

Für dieses Übel waren zwei verschiedene Heilmittel erfunden worden, das eine von Odysseus, das andere von Orpheus. Odysseus befahl seinen Gefährten, sich die Ohren mit Wachs zu verstopfen, während er (um die Sache versuchen zu können, ohne sich der Gefahr auszusetzen) sich an den Mast des Schiffes binden ließ und gleichzeitig befahl, ihn auf keinen Fall, auch nicht auf sein eigenes Bitten hin, loszumachen. Orpheus dagegen entging der Gefahr ohne sich zu binden, indem er seine Stimme erhob und zu seiner Leier das Lob der Götter sang und damit die Sirenen übertönte.

Diese Sage bezieht sich auf die Sitten und enthält eine ebenso offensichtliche wie feinsinnige Parabel. Die Genüsse entspringen aus der Vereinigung von Fülle und Überfluß mit Heiterkeit und Ausgelassenheit der Seele. Und früher entführten sie, wie auf Flügeln, durch ihre Verführungskünste die Menschen. Nachdem aber Wissenschaft und Unterricht es erreicht hatten, den Geist zu zügeln, anzuhalten und die Folgen zu bedenken, wurden die Genüsse gleichsam ihrer Flügel beraubt. Dies gereichte den Musen zur Zierde und zur Ehre, denn sobald es sich durch mehrere Beispiele gezeigt hatte, daß die Philosophie eine Verachtung des Genusses erzeugen konnte, wurde sie sogleich als etwas Erhabenes betrachtet, das die gleichsam an die Erde gefesselte Seele erheben und emporführen und die Gedanken (cogitationes) des Menschen (die seinen Kopf beherrschen) beflügeln und vergeistigen könne. Nur die Mutter der Sirenen blieb zu Fuß und ohne Flügel, womit zweifellos die leichteren Arten der Wissenschaft (doctrinas leves) gemeint sind, die nur zur Unterhaltung erfunden und betrieben wurden, wie etwa jene, die Petronius[44] schätzte, der sogar, nachdem er zum Tode verurteilt worden war, noch im Vorraum des Todes nach Lustbarkeiten verlangte, und als er sich Schriften zum Trost bringen ließ, nichts (so berichtet Tacitus[45]) las, was ihm Standhaftigkeit einflößte, sondern nur lose Gedichte. Von solcher Art ist auch dieses:

»Vivevamus, mea Lesbia, atque amemus,
Rumoresque Senium Severiorum
Omnes unius aestimemus Assis.«[46]

und jenes:

»Iura senes norint et quid sit fasque nefasque
Inquirant tristes, legumque examina servent.«[47]

Lehren wie diese scheinen darauf abzuzielen, den Kronen der Musen die Flügel zu entreißen und sie den Sirenen zurückzugeben.

Die Sirenen, so heißt es, lebten auf Inseln, weil die Genüsse gewöhnlich die Abgeschiedenheit suchen und häufig die Gesellschaft (coetus) meiden. Was den Gesang der Sirenen, seine fatale Wirkung und seine vielfältige Kunstfertigkeit betrifft, so ist dies allenthalben so zerredet worden, daß es keines weiteren Interpreten mehr bedarf. Einen tieferen Sinn hat dagegen der Umstand, daß die Gebeine aus der Ferne wie weiße Klippen aussehen, denn er bedeutet, daß die Beispiele des Leidens anderer, so deutlich und offenkundig sie auch sein mögen, wenig gegen den verderblichen Einfluß des Genusses auszurichten vermögen.

Noch zu erwähnen sind die Heilmittel gegen die Sirenen in der Parabel: Sie sind nicht geheim und dennoch weise und edel. Gegen ein solches ebenso heimtückisches wie gewalttätiges Übel schlägt sie drei Heilmittel vor: zwei aus der Philosophie und eines aus der Religion. Die erste Methode, dem Übel zu entrinnen, besteht darin, den Anfängen zu wehren (principiis obstet) und sorgsam alle Gelegenheiten zu meiden, welche die Seele versuchen und erschüttern könnten. Dies ist mit dem Verstopfen der Ohren gemeint, was für niedere und plebejische Seelen, wie die Mannschaft des Odysseus, das einzig mögliche Heilmittel ist. Erhabenere Gemüter können sich dagegen inmitten des Genusses aufhalten, wenn sie sich mit Standhaftigkeit und Entschlossenheit wappnen, ja, einigen gefällt es, sogar ihre Tugend auf diese Weise einer besonders auserlesenen Prüfung zu unterziehen und daneben – als Beobachter, nicht als Anhänger – einen tieferen Einblick in die Torheiten und Tollheiten des Genusses zu gewinnen. Das ist es, was Salomo von sich selbst gesteht, als er die Aufzählung der Genüsse, denen er gefrönt hat, mit den Worten beschließt: »Sapientia quoque perseveravit mecum.«[48] Helden solcher Art können daher ungerührt den stärksten Versuchungen ausgesetzt sein und selbst an ihren Abgründen stehenbleiben, wenn sie nur dem Beispiel des Odysseus folgen und die verderblichen Ratschläge und Schmeicheleien ihrer eigenen Gefährten unterbinden, die von allen Dingen am meisten die Seele zu erschüttern und zu schwächen vermögen. Von den drei Heilmitteln ist das des Orpheus jedoch in jeder Hinsicht das beste, der die Stimmen der Sirenen übertönte und beiseite drängte, indem er das Lob der Götter sang und erschallen ließ. Denn Meditation über die göttlichen Dinge übertrifft den Sinnesgenuß nicht nur an Macht, sondern auch an Süßigkeit.

Anhang

Anmerkungen der Übersetzerin

Die vorliegende Übersetzung folgt dem lateinischen Text der Originalausgabe, London 1609. Daneben diente als weitere Grundlage die 1619 erschienene englische Übersetzung durch Sir Arthur Gorges, die für die zeitgenössische Rezeption des Textes von großer Bedeutung gewesen ist – nicht zuletzt deshalb, weil *De sapientia veterum* lange Zeit nicht Bacons wissenschaftlichen, sondern seinen literarischen Werken zugerechnet wurde. Darüber hinaus wurde die englische Übersetzung durch James Spedding herangezogen, die in der von ihm herausgegebenen klassischen Bacon-Gesamtausgabe (London 1857–74) enthalten ist, da sie letzten Endes die Grundlage für die wissenschaftliche Rezeption des Textes bildet. – Der Übersetzung nicht vorangestellt wurden die beiden Widmungsschreiben von 1609.

1 Chrysipp (281/77–208/04 v. Chr.), stoischer Philosoph, Neubegründer und Verteidiger der stoischen Schule in der Auseinandersetzung mit der platonischen Akademie.

2 Marcus Portius Cato Uticensis (95–46 v. Chr.), überzeugter Republikaner, Feind Caesars, während des Bürgerkrieges 49/48 auf der Seite des Pompeius. April 46 Selbstmord in Utica, nachdem er die Begnadigung durch Caesar abgelehnt hatte. Cicero und M. Brutus verfaßten nach seinem Tod Lobschriften auf ihn, auf die Caesar mit seinem »Anticato« antwortete.

3 Ungenaues Zitat aus Marcus Tullius Cicero, *Briefe an Atticus*, II, 1.8. »Gewiß unsern Cato schätze ich nicht weniger als Du; aber in seiner anständigen Gesinnung und unerschütterlichen Zuverlässigkeit richtet er doch bisweilen Unheil in der Politik an. Er stellt Anträge, als ob er sich in Platos Idealstaat und nicht in Romulus' Schweinestall befände.« Zit. nach: Marcus Tullius Cicero, *Briefe an Atticus*, lat.-dt., hrsg. von Helmut Kasten, München 1959.

4 Iphikrates von Athen (1. Hälfte des 4. Jhdts. v. Chr.), berühmter Söldnerführer, in mehreren Kriegen athenischer Stratege.

5 »Es gibt nur ein Band und eine Begründung der Sicherheit, das zwischen uns Bestand haben kann: Ihr müßt beweisen, daß ihr uns nicht schaden könntet, selbst wenn ihr es noch so sehr wolltet.«

6 Eine erweiterte Fassung dieses Kapitels hat Bacon in seine Schrift *De Augmentis Scientiarum* aufgenommen.

7 Vergil, *Bucolica*, 6. Ekloge, 31–34.
»Denn er sang, wie im leeren, gewaltigen Raum ineinander
Wirbelten noch die Keime für Land und Luft und für Wasser
Und für lauteres Feuer zugleich, wie aus diesen als Urstoff
Alles entstand und sogar das zarte Gewölbe der Welt wuchs.«
Zit. nach: Vergil, *Landleben. Bucolica, Georgica, Catalepton*, lat.-dt., hrsg. von Johannes Götte, München 1949.

8 Vergil, *Bucolica*, 2. Ekloge, 63f.
»Grimmig verfolgt die Löwin den Wolf, der Wolf aber jagt die Ziege, und lüstern verfolgt die Ziege das blühende Kleefeld.«

9 Mit »poeta amatorium« meint Bacon, wegen dessen »Ars amatoria«, Ovid.

10 Ovid, *Remedia amoris*, 344. »Was sie selbst ist, ist das wenigste an ihr.« Zit. nach: Ovid, *Heilmittel gegen die Liebe*, lat.-dt., hrsg. von Friedrich Walter Lenz, Darmstadt 1960.

11 Psalm 19,2: »Die Himmel rühmen die Herrlichkeit Gottes/und die Himmelsfeste verkündet das Werk seiner Hände.« Für die deutsche Übersetzung der Bibel-Zitate wurde auf die mit textkritischen Erläuterungen versehene Jerusalemer Bibel (Stuttgart 1968) zurückgegriffen, weil sie, im Gegensatz etwa zu Luther und Zwingli, neben dem hebräischen Urtext und der griechischen Übersetzung auch die lateinische Übersetzung der Vulgata einbezieht, nach der Bacon zitiert. Da Übersetzungen, die ausschließlich dem Text der Vulgata folgen, zuletzt im 19. Jhdt. entstanden und heute kaum noch greifbar sind, schien es sinnvoll, auf eine leicht zugängliche Ausgabe zurückzugreifen, zumal diese aufgrund des kritischen Apparates offenlegt, nach welcher Quelle sie übersetzt, und dem von Bacon zitierten Text sehr nahe kommt.

12 Eine erweiterte Fassung dieses Kapitels hat Bacon in seine Schrift *De Augmentis Scientiarum* aufgenommen.

13 Tiberius Iulius Caesar Augustus (42 v. Chr. – 37 n. Chr.), seit 14 n. Chr. römischer Kaiser.

14 Ludwig XI. (1423–1483), seit 1461 König von Frankreich, dessen füchsische Verschlagenheit Philippe de Commynes in seinen »Memoiren« mehrfach beschreibt (insbes. III,12). Bacon kannte Commynes' »Memoiren« und dürfte sein Bild Ludwigs XI. daraus bezogen haben.

15 Vergil, *Aeneis*, IV, 178f.
»Mutter Erde, so heißt es, gebar aus Groll auf die Götter
jene zuletzt für Enkeladus noch und Koenus als Schwester.«
Zit. nach: Vergil, *Aeneis*, lat.-dt., hrsg. von Johannes Götte, München und Zürich [7]1988.

16 Bacon hat in dieser Darstellung des Pentheus-Mythos die Sage, deren Grundlage für das gesamte Altertum die auf einer verlorenen Tragödie des Aischylos fußenden »Bakchen« des Euripides waren, merkwürdig verkürzt: Denn zwar wird auch hier Pentheus von Dionysos mit Wahnsinn

geschlagen, jedoch nicht, weil er auf einen Baum geklettert ist, um heimlich die Bacchusopfer zu beobachten, sondern weil er zuvor seine Mutter und deren Schwestern davon abhalten will, daran teilzunehmen. Erst nachdem ihm dies nicht gelungen ist, beobachtet er, von Dionysos selbst angestiftet, die geheimen Riten. Er wird jedoch von seiner in bacchantischen Rausch versetzten Mutter und deren Gefährtinnen entdeckt, für ein wildes Tier gehalten und in Stücke gerissen. Daß dieses grausige Ende Bacon durchaus nicht unbekannt war, zeigt seine Darstellung des Dionysos-Mythos (vgl. S. 56).

17 Vergil, *Aeneis*, IV, 469f.
»So sah Pentheus die Heere der Eumeniden im Wahnsinn,
doppelt sah er die Sonne und doppelt Theben sich zeigen.«

18 Helikon: Es handelt sich hier offenbar um einen Irrtum Bacons, denn der Name Helikon bezeichnet keinen Fluß, sondern ein Gebirge, das sich zwischen dem Korpaissee und dem korinthischen Meerbusen erstreckt. Darin befindet sich im Tal des Archonitisabachs das zu Thespiai gehörende Musenheiligtum.

19 Das lat. mos, moris verbindet wie das griech. ἦθος/ἔθος deskriptive und präskriptive Momente miteinander. Beide bedeuten soviel wie »Sitte, Gewohnheit, Brauch«. Bacon steht hier in der Tradition der klassischen Philosophie von Aristoteles über Spinoza bis zu Christian Wolff, deren Ethiken immer deskriptive und präskriptive Elemente miteinander mischen. In diesem Sinne sind hier und im folgenden Ethik, Sitten, Sittenlehre zu verstehen.

20 Eine verkürzte Darstellung dieses Kapitels hat Bacon in seine Schrift *De principiis* aufgenommen.

21 Demokrit (460–371), griechischer Philosoph, einer der Begründer der Atomistik.

22 Vom »sechstägigen Werk« berichtet insbes. Ex. 20;11 (vgl. dort auch die Querverweise). Auf welche Bibelstelle sich Bacon freilich bezieht, wenn er schreibt, auch die Bibel spreche von der ungeformten Materie vor der Schöpfung, ließ sich nicht aufklären.

23 Lukrez, *De rerum natura*, V, 107f.
»Möge jedoch Fortuna, die Lenkerin, uns es ersparen,
Möge uns mehr die Vernunft als das eigne Erlebnis belehren« – Bacon bricht hier das Zitat ab und verzichtet auf den folgenden Vers, der erst den Sinn des Ganzen verständlich macht: »daß auch die Welt zugrunde gehn kann, in klirrendem Einsturz.«
Zit. nach: T. Lucretius Carus, *De Rerum Natura*, lat.-dt., übers. von Hermann Diels, 2 Bde., Berlin 1924.

24 Dieses Kapitel hat Bacon in seine Schrift *De principiis* aufgenommen.

25 Prediger (auch Kohelet oder Ecclesiastees) 3,11. »Er macht all und jedes trefflich für seine Zeit. Zwar hat er ihnen auch eine Vorstellung vom ge-

samten Zeitenablauf gegeben, doch ohne daß der Mensch das Werk, das Gott vollbringt, von Anfang bis Ende erfassen könnte.«

26 Privation: wörtl. »Beraubung«; bezeichnete bei den Peripatetikern die ursprüngliche Ausschließung eines von zwei entgegengesetzten Vermögen, die beide in der Urmaterie vorliegen. Dadurch wird das andere Vermögen freigesetzt und kann sich nach einer hinzutretenden Form dranghaft entfalten.

27 Vgl. Anm. 25.

28 Verkürztes Zitat aus: Tacitus, *Historien*, I,22,2. Die Stelle lautet vollständig: »[...] genus hominum potentibus infidum, sperantibus fallax, quod in civitate nostra et vetabitur semper et retinebitur.« – »[...] diese im Verkehr mit Mächtigen unzuverlässige, gegenüber Hoffnungsfreudigen auf Lug und Trug sinnende Menschensorte, die man in unserem Staate immer wieder ausweisen und dann doch zulassen wird.« Zit. nach: Tacitus *Historien*, lat.-dt., hrsg. von Joseph Borst, München 1959.

29 Val. Gaius Plinius Secundus (d. Ä.), *Naturalis historiae*, VII, 362.

30 Augustus (63 v. Chr. – 14 n. Chr.), der einer wohlhabenden, jedoch nicht sehr vornehmen Familie entstammte, erlebte einen kometenhaften Aufstieg, nachdem der kinderlose Caesar seinen Großneffen adoptiert und ihn in seinem Testament als Haupterben eingesetzt hatte. Aus dem auf Caesars Ermordung folgenden Bürgerkrieg ging der geschickt taktierende Octavian als Sieger hervor. Er stellte die alten republikanischen Institutionen wieder her, behielt für sich selbst aber so viel Einfluß, daß er die Politik Roms jederzeit zu kontrollieren vermochte. Das Glück, das Augustus in der Politik zur Seite stand, fehlte ihm im persönlichen Bereich ebenso wie bei der Regelung der Nachfolgefrage. So mußte er seine Tochter Julia ob ihres gegen die strengen Moralvorstellungen des Kaisers verstoßenden Lebenswandels aus Rom verbannen, und sein präsumtiver Nachfolger, Augustus' Enkel Gaius Iulius, ein Sohn der Iulia und des Agrippa, starb vierundzwanzigjährig an den Folgen eines Attentats.

31 Vergil, *Aeneis*, II, 426f.
»[...] auch Ripheus fällt, er war der Gerechtesten einer,
die bei den Teukrern gelebt, stets Recht und Billigkeit wahrend,
– anders schien es den Göttern – [...].«

32 Marcus Tullius Cicero, *Epistularum ad Familiares*, 19 (21),1.
»Doch ich danke Dir, wie es sich gehört, mein Brutus, daß Du mich diese Lappalie – weiter ist es doch nichts! – hast wissen lassen [...].«
Zit. nach: M. T. Cicero, *Briefe an seine Freunde*, lat.-dt., hrsg. von Helmut Kasten, München 1964.

33 Vergil, *Aeneis*, VIII, 696f.
»[...] Die Fürstin
ruft inmitten der Schlacht ihre Scharen mit heimischer Klapper
sieht noch nicht das Schlangenpaar androhen im Rücken.«

34 Eine erweiterte Fassung dieses Kapitels hat Bacon in seine Schrift *De Augmentis Scientiarum* aufgenommen.
35 Ovid, *Metamorphosen*, X, 667.
»Lenkte sie ab von der Bahn und hob das rollende Gold auf.« Zit. nach: Publius Ovidius Naso, *Metamorphosen*, lat.-dt., hrsg. u. übers. von Erich Rösch, München 1961.
36 Empedokles (um 483–423 v. Chr.), bedeutender Naturphilosoph.
37 Jesaia 58,5.
»Ist das ein Fasten, wie ich es liebe, ein Tag, an dem man sich kasteit? Daß man seinen Kopf wie ein Schilfrohr hängen läßt [...]?«
38 Vergil, *Georgica*, II, 490ff.
»Selig wer es vermochte, das Wesen der Welt zu ergründen
Wer so all die Angst und das unerbittliche Schicksal
Unter die Füße sich zwang und des gierigen Acheron Tosen!«
39 Ungenaues Zitat aus Lucius Annaeus Seneca, *Ad Lucilium Epistulae morales*, 53, 12. Das Zitat lautet korrekt:
»Ecce res magna, habere inbellicitatem hominis, securitatem Dei.«
»Es ist wichtig, die Schwäche des Menschen wie die Stärke Gottes zu besitzen.«
Zit. nach: L. Annaeus Seneca, *An Lucilius*, Briefe 1–69, hrsg. u. übers. von M. Rosenbach, Darmstadt 1980.
40 Heraklit, *Fragmente*, B. 118.
»Trockene Seele – die klügste und vollkommenste.«
Zit. nach: Heraklit, *Fragmente*, griech.-dt., hrsg. von Bruno Snell, München 1986.
41 Pred. 12,11.
»Die Worte des Weisen sind wie Stacheln und eingeschlagene Pflöcke.«
42 Vergil, *Aeneis*, VI, 851.
»Du aber, Römer, gedenke – so wirst du leisten Dein Wesen – Völker kraft Amtes zu lenken [...].«
43 Ovid, *Metamorphosen*, I,80f.
»[...] mag sein, daß Erde, die jüngst erst getrennt von dem hohen Äther, den Samen vom ursprungverwandten Himmel behalten.«
44 Petronius (–66 n. Chr.), römischer Dichter, Verfasser des *Satyricon* und des *Gastmahl des Trimalchio*. Wurde von Nero sehr geschätzt, später jedoch zum Selbstmord gezwungen.
45 Vgl. Tacitus, *Annalen*, VI, 19.
46 Catull, 5. Gedicht *(Viveamus, mea Lesbia)*.
»Laß uns, Lesbia, leben, laß uns lieben
und für alles Gezeter strenger Greise
laß uns nicht einen einzigen Heller geben!«
Zit. nach: Catull, *Sämtliche Gedichte*, lat.-dt., hrsg. und übers. von Otto Weinreich, München 1974.

47 Ungenaues Zitat aus: Ovid, *Metamorphosen*, IX, 551 f. Das Zitat lautet korrekt:
»Iura senes norint et, quid liceatque nefasque
fasque sit, inquirant legumque examina servent:
conveniens Venus est annis temeraria nostris!«
»Satzungen kennen, erforschen, was Unrecht, Recht, was erlaubt sei,
laß du die Greise uns diese Gesetze prüfend bewahren:
unseren Jahren geziemt ein wagemutiges Lieben.«
Daß Bacon diese Stelle aus Ovids *Metamorphosen* als »loses Gedicht« bezeichnet, ist erstaunlich, da es sich um ein von Ovid mit moralisch verurteilenden Versen eingeleitetes Selbstgespräch der Byblis handelt, die ihren eigenen Bruder begehrt.

48 Pred. 2,9.
»Auch meine Weisheit verblieb bei mir.«

Ausgewählte Literatur

Lateinische und englische Ausgaben

Francisci Baconi, *De sapientia veterum liber*, (nach der Erstausgabe von 1609), engl.: *The Wisdome of the Ancients*, übers. von Arthur Gorges, London 1619, repr. New York 1968.

The Works of Francis Bacon, ed. by Spedding, Ellis and Heath, London 1857–1874 (14 Bde.), repr. Stuttgart 1963; *De sapientia veterum*, ebd., Bd. VI, S. 617–686; engl. Übers. von Spedding, ebd., S. 687–764.

Sir Francis Bacon, *A Selection of Faithful Sayings and Ancient Wisdom*, compiled and ed. by P. Dawkins, Northampton 1982.

Deutsche Ausgaben

Francis Bacon, *Über die Würde und den Fortgang der Wissenschaften* (= De dignitate et augmentis scientiarum), übers. und mit dem Leben des Verfassers und einigen historischen Anmerkungen, hg. v. J. H. Pfingsten (1783), repr. Darmstadt 1966.

– *Buch über die Weisheit der Alten*, übers. von J. Schieffer, Köln 1838.

– *Weisheit der Alten. Eine Reihe mythologischer Sagen*, (übers. von J. Fürstenhagen), Darmstadt 1926.

– *Das neue Organon*, übers. von R. Hoffmann, hg. von M. Buhr, Berlin (Ost) 1962.

– *Essays oder praktische und moralische Ratschläge*, übers. von E. Schücking, hg. von L. L. Schücking, Stuttgart 1970.

– *Neu-Atlantis*, übers. von G. Bugge, Stuttgart 1982.

– *Valerius Terminus. Von der Interpratation der Natur*, mit den Anmerkungen von Hermes Stella, engl.-dt., eingel. und hg. von F. Träger, Würzburg 1984.

Sekundärliteratur

Anderson, Fulton H., *Francis Bacon. His Career and his Thought*, Los Angeles 1962.

Bloch, Ernst, *Das Prinzip Hoffnung*, 3 Bde., Frankfurt am Main 1973. – Ders., *Vorlesungen zur Philosophie der Renaissance*, Frankfurt am Main 1977.

Blumenberg, Hans, *Der Prozeß der theoretischen Neugierde*, Frankfurt am Main, [2] 1973.

Bohn, Volker (Hg.), *Typologie*, Frankfurt am Main 1988.

Brinkmann, Hennig, *Mittelalterliche Hermeneutik*, Darmstadt 1980.

Carman Garner, Barbara, ›Francis Bacon, Natalis Comes and the Mythologi-

cal Tradition‹, in: *Journal of the Warburg and Courtauld Institutes*, 33, 1970, S. 264–297.
Farrington, Benjamin, *The Philosophy of Francis Bacon. An Essay on its Development from 1603 to 1609 with new Translations of Fundamental Texts*, Liverpool 1964.
Feuerbach, Ludwig, *Geschichte der neuern Philosophie von Bacon von Verulam bis Benedikt Spinoza*, (Gesammelte Werke, Bd. 2), bearb. von W. Harich, Berlin (Ost)[3] 1984.
Fischer, Kuno, *Francis Bacon und seine Schule. Entwicklungsgeschichte der Erfahrungsphilosophie*, Heidelberg[4] 1923.
Frost, Walter, *Bacon und die Naturphilosophie*, München 1927.
Gammel, Reinhard, *Herrn Bacons Idole. Strukturelemente neuzeitlichen Denkens*, Augsburg 1986.
von Graevenitz, Gerhart, *Mythos. Zur Geschichte einer Denkgewohnheit*, Stuttgart 1987.
Haug, Walter (Hg.), *Formen und Funktionen der Allegorie*, Stuttgart 1979.
Heinrich, Klaus, ›Mytheninterpretation bei Francis Bacon‹, in: ders., *Parmenides und Iona. Vier Studien über das Verhältnis von Philosophie und Mythologie*, verb. Neuaufl., Basel/Frankfurt am Main 1982.
Jardine, Lisa, *Francis Bacon. Discovery and the Art of Discourse*, Cambridge 1974.
Krohn, Wolfgang, *Francis Bacon*, München 1987.
Karl Marx, Friedrich Engels, *Die heilige Familie oder Kritik der kritischen Kritik* (1845), in: MEW Bd. 2, Berlin 1958.
Lemmi, Charles W., *The Classical Deities in Bacon. A Study in Mythological Symbolism*, Baltimore 1933, repr. New York 1971.
Rossi, Paolo, *Francesco Bacone. Dalla magia alla scienza*, Bari 1957, Turin 1974; engl.: *Francis Bacon. From Magic to Science*, aus dem Italienischen von S. Rabinowitch, London 1968.
Vickers, Brian, *Francis Bacon*, aus dem Engl. von R. Kaiser, Berlin 1988.
Whitney, Charles, *Francis Bacon, Die Begründung der Moderne*, aus dem Amerikanischen von H. Voges, Frankfurt am Main 1989.

PHILIPP RIPPEL

Francis Bacons allegorische Revolution des Wissens

Den Weg des europäischen Geistes in die wissenschaftlich-technische Welt der Moderne entwirft am Ende der Renaissance der englische Lordkanzler und Philosoph Francis Bacon (1561–1626). Nicht selbst als empirischer Forscher, Erfinder oder Entdecker den Umfang des materialen Wissens erweiternd, sondern als Theoretiker den sich abzeichnenden Umbruch in den Grundlagen des Wissens verkündend, steht Bacon am Beginn der naturwissenschaftlich-industriellen Entwicklung der Neuzeit, ihr Prophet und ihr Herold zugleich.

An der von Max Weber diagnostizierten ›Entzauberung der Welt‹, verstanden als kulturgeschichtliche Folge des abendländischen Rationalisierungsprozesses, hat Bacon entscheidenden Anteil – sei es durch seine Bindung des Wahrheitsbegriffs an empirisch gewonnene Erkenntnis, sei es durch seine Idolenlehre zur Aufdeckung angeborener und übernommener ›Trugbilder‹. Doch sein Begriff der Erfahrung ist noch nicht auf die bloße Quantifizierung des Natürlichen beschränkt, sondern wird noch von der Sinnenfreude der Renaissance an der bunten Fülle der Welt gespeist. So kann denn auch Marx in einem Vergleich mit Hobbes und dessen mechanischem Materialismus, den er »menschenfeindlich« nennt, Bacon einen lebendigen Materialismus zuerkennen, der noch »die Keime einer allseitigen Entwicklung in sich«[1] berge. Und fasziniert davon, faßt er sein Urteil über Bacons Naturbegriff in die geradezu Goethesche Sentenz: »Die Materie lacht in poetisch-sinnlichem Glanze den ganzen Menschen an.«[2] Bei Hobbes dagegen, dem »*Systematiker* des *baconischen* Materialismus«, werde das materialistische Denken um seine sinnlich-leibliche Komponente verkürzt und in die »rücksichtslose Konsequenz« des an der Geometrie orientierten Verstandes überführt: »Die Sinnlichkeit verliert ihre Blume und wird zur abstrakten Sinnlichkeit des *Geometers*.«[3]

Es ist nicht nur die Unschuld der Anfänge, die Bacon mit der nachfolgenden Entwicklung des Denkens und der Gesellschaft sowohl verbindet als auch davon unterscheidet: Was uns heute von Bacon trennt, uns aber auch – im Anschluß an das Urteil von Marx – an ihm interessieren könnte, ist sein qualitativer Begriff von der Materialität der Natur, der seiner Idee einer menschlichen Einrichtung der Welt mit technischen Mitteln zugrunde liegt. Sein allseits entwicklungsfähiger Materialismus entspricht dem anthropologischen Leitbild des allseits entwickelten Menschen, wie ihn die Renaissance in dem Ideal des *uomo universale* erblickte. Galt damals als dessen Antipode der die Spätscholastik vertretende gelehrte Pedant, so ist dies heute jener ›eindimensionale Mensch‹, als den Herbert Marcuse den Menschen der modernen Industriegesellschaft beschrieben hat. Darüber hinaus ist der Sieg des eindimensionalen, quantifizierenden Denkens in eine sich überstürzende Legitimitätskrise geraten, seit offenkundig wurde, daß der bloß mathematischen Gesetzmäßigkeiten überlassene wissenschaftlich-technische Fortschritt ökologische Verwüstungen anrichtet, die zum Ende des Jahrtausends die natürlichen Lebensgrundlagen weltweit zu zerstören drohen. In dieser Situation scheint es ratsam, sich auf Bacons qualitative Auffasung von der Natur und ihrer Humanisierung zurückzubesinnen, um zu prüfen, ob darin ein inzwischen verlorengegangenes Korrektiv angelegt war, das blindem Fortschritt hätte Einhalt gebieten können. Bacons Verkennung der Mathematik in ihrer Bedeutung für den von Galilei eingeschlagenen Königsweg der exakten Wissenschaften wäre dann nicht nur ein störendes Relikt der scholastischen und alchemistischen Denkweisen, die er meinte überwunden zu haben.

In der historischen Aufbruchsphase des Zeitalters der Entdekkungen und des wirtschaftlich erstarkenden Bürgertums hat sich Bacon, der als Jurist Elisabeth I. diente und unter Jakob I. zu den höchsten Staatsämtern aufstieg, zugleich als Verteidiger der neuzeitlichen Wissenschaft verstanden: Ziel von Philosophie sollte nicht mehr gemäß antiker und christlicher Tradition die Betrachtung reiner Wesenheiten sein, sondern die methodische Gewinnung und Sicherung praktisch anwendbaren Wissens. An die Stelle der nun müßig und selbstgefällig erscheinenden *vita contemplativa* des scholastischen Aristotelikers und des humanistischen Platonikers sollte die *vita activa* gemeinschaftlich tätiger Forscher treten mit der Aufgabe, die allgemeinen Lebensbedingungen zu verbessern.[4]. Die Lektüre und Kommentierung von jahrhundertelang als kanonisch geltenden Texten, wie insbesondere der *Physik* des Aristoteles, konnte nicht länger mehr das Wissen über die Beschaffenheit der Natur bestimmen. Allein die unvoreingenommene Beobachtung und das gezielte Experiment versprachen hinfort, der in ihrer Eigenständigkeit neu entdeckten Natur jene Kenntnisse abzugewinnen, die sich in Erfindungen zum Wohl der menschlichen Gattung umsetzen ließen. Als Beispiele bislang eher zufällig erfundener Geräte und Neuerungen, die zivilisatorischen Fortschritt bewirkt haben, führt Bacon vor allem den Kompaß und den Buchdruck an, nennt aber gleichfalls die Erfindung des Schießpulvers. Und im Sinne eines vorweggenommenen materialistischen Geschichtsverständnisses folgert er: »[...] die Buchdruckerkunst, das Schießpulver und der Kompaß. Diese drei haben nämlich die Gestalt und das Antlitz der Dinge auf der Erde verändert, die erste im Schrifttum, die zweite im Kriegswesen, die dritte in der Schiffahrt. Zahllose Veränderungen der Dinge sind ihnen gefolgt, und es scheint, daß kein Weltstrich, keine Sekte, kein Gestirn eine größere Wirkung und größeren Einfluß auf die menschlichen Belange ausgeübt haben als diese mechanischen Dinge.«[5] Auch der rasch ansteigende Erfahrungsdruck, den die immer ausgedehnteren Entdeckungs- und Handelsreisen sowie die Anlage von Kolonialreichen mit sich brachten, ließ das althergebrachte System der Begriffe bersten. Darüber hinaus war der Geozentrismus des aristotelischen Weltbildes durch das heliozentrische Gegenmodell des Kopernikus in Beweisnot geraten. Wenn auch Bacon die kopernikanische Revolution der Astronomie nicht nachzuvollziehen vermochte, so trat er doch als Bannerträger eines neuen, empiristischen Wissensverständnisses auf, das sich nicht scheute, die Grenzen und Tabus des überkommenen metaphysischen Denkens zu sprengen.

Bacons calvinistisch inspiriertes Selbstverständnis weist ihn als einen auf die Mehrung des allgemeinen Wohls bedachten Reformator der Wissenschaften aus. So notiert er 1603, zu Beginn seines Engagements für ein neues, wissenschaftliches Denken, in dem autobiographischen Teil der Vorrede, die er der geplanten Schrift *De interpretatione naturae* voranstellen wollte: »Da ich überzeugt war, für den Dienst an der Menschheit geboren zu sein, und die Pflege des Gemeinwohls als ein gemeinschaftliches Eigentum betrachtete wie die Luft und das Wasser, begann ich zu überlegen, auf welche Weise man der Menschheit am besten dienen könne und für welchen Dienst ich selbst von Natur aus am geeignetsten wäre. – Nun habe ich unter den Wohltaten, die man der Menschheit erweisen kann, keine gefunden, die größer wäre als die Erfindung neuer Künste und Werkzeuge, durch die sich eine Verbesserung der menschlichen Lebensbedingungen erreichen ließe. Ich habe nämlich bemerkt, daß bei den rohen Völkern der frühen Zeit die Urheber der elementaren Entdeckungen und Erfindungen als Heilige angesehen und unter die Götter gezählt wurden.«[6]

In einem kühnen Rückgriff auf die mythische Phase der Geschichte weiß Bacon den Anfang der Zeiten mit seiner Programmatik eines epochalen Neubeginns in Beziehung zu setzen. Er wiederholt damit den geschichtsphilosophischen Gestus der Renaissance und teilt ihren Anspruch, eine Erneuerung der Antike herbeizuführen, deren authentische Gestalt er freilich in ihren Ursprüngen erblickt. Eine spezifisch moderne Wendung gibt Bacon diesem Gedankengang, wenn er im weiteren von der realhistorischen Ebene zur erkenntnistheoretischen aufsteigt und gleichsam zum Vorläufer der Wissenschaftstheorie avanciert: »Wenn aber vor allem ein Mann darin Erfolg hätte, nicht nur eine einzelne neue Erfindung zu machen, so nützlich sie auch sein möge, sondern ein Licht in der Welt der Natur anzuzünden – ein Licht, das bei seinem Aufscheinen alle Gebiete beleuchtetete, die an den Kreis unseres gegenwärtigen Wissens angrenzen, und das, indem es sich immer mehr ausbreitet, alles aufdecken und bloßlegen könnte, was es an Geheimnisvollem auf der Welt gibt –, dann wäre dieser Mann (dachte ich mir) der wahre Wohltäter des Menschengeschlechts, der Verbreiter der Herrschaft des Menschen über das Universum, der Kämpfer für die Freiheit und der Bezwinger der Notwendigkeit.«[7]

In diesem Sinne beschließt Bacon, der Wahrheit und der Menschheit dienen zu wollen. Da er jedoch erkennt, daß eine solche Aufgabe seine Kräfte und die ihm verbleibende Lebenszeit – er ist bereits 42 Jahre alt – bei weitem übersteigen würde, begnügt er sich mit der Rolle des ›Wegweisers‹. Der damit bezeichnete ideengeschichtliche Ort an der Schwelle zur Neuzeit findet sich in allegorischer Weise auf dem Kupferstich dargestellt, der das Titelblatt von Bacons 1620 veröffentlichtem Hauptwerk schmückt, der Fragment gebliebenen *Instauratio magna* (Die Große Erneuerung). Zu sehen ist ein Segelschiff, das sich anschickt, eine Meerenge zu durchfahren; diese wird von zwei Säulen auf hohen Postamenten markiert, deren Untergrund die beiden einander gegenüberliegenden Landzungen bilden (siehe Abb. Seite 98). Der humanistisch gebildete Zeitgenosse vermochte die Darstellung ohne Mühe als Mythenallegorese zu verstehen. Er erkannte darin die ›Säulen des Herkules‹, mit denen der mythische Held die Grenze der alten Welt an der Straße von Gibraltar abgesteckt haben soll. Sich darüber hinauszuwagen in den, wie man glaubte, von Ungeheuern bewohnten, die bekannte Welt umspülenden ›Ozean‹, hatte noch bis weit ins Mittelalter als verderbenbringendes Unternehmen gegolten.

Diese Weltsicht artikuliert zu Beginn des vierzehnten Jahrhunderts Dante in der *Göttlichen Komödie*, wenn er im 26. Gesang des ›Inferno‹ – abweichend von der Überlieferung – Odysseus die Erzählung einer letzten Irrfahrt in den Mund legt (XXVI, 89–142): Zu »jener Meerenge gelangt, an der Herkules seine Warnzeichen gesetzt hatte« *(a quella foce stretta / Ov' Ercole segnò li suoi riguardi)*, spornte Odysseus seine träge gewordene Mannschaft an, furchtlos in das fremde offene Meer zu segeln, »um Tugend und Wissen zu erwerben« *(per seguir virtute e conoscenza)*. Doch diese Seereise endete nach fünf Monaten vor einem aus dem Ozean aufragenden Berg mit einem Schiffbruch, bei dem niemand Rettung fand. Das Schicksal von Dantes Odysseus verliert erst die Bedeutung eines metaphysischen Menetekels, als Kolumbus von seiner welthistorischen Ausfahrt zu den vermeintlichen Gestaden Westindiens erfolgreich zurückkehrt und allmählich deutlich wird, daß er einen neuen Kontinent entdeckt hat. Damit hat die Empirie über die Metaphysik gesiegt, und die nautische Überschreitung der Grenzen der alten Welt kann zum Sinnbild für die sprunghafte Horizonterweiterung neuzeitlicher Erfahrung und Erkenntnis werden. [8] Es kommt zu einer Umwertung der für das Bewußtsein bislang verbindlichen Grenzen: Was einmal Sicherheit zu verbürgen schien, wirkt hinfort einengend und entmündigend. Im Zeichen selbstbewußter Emanzipation – und im Gegenzug zu Dante – würdigt Torquato Tasso gegen

Francis Bacon, *Instauratio Magna*, Titelblatt (1620)

Ende des sechzehnten Jahrhunderts in seinem Versepos *Das befreite Jerusalem* Odysseus als den mythischen Vorläufer des den atlantischen Ozean bezwingenden Kolumbus. Im Vergleich mit ihnen beiden gilt ihm Herkules trotz seiner Überwältigung einer Anzahl von antiken Ungeheuern als zaghaft (XV, 25), da er »nicht wagte, den hohen Ozean zu befahren« *(non osò di tentar l'alto oceano)*, und »in zu enge Klosterzellen den Mut des menschlichen Erfindungsgeistes einschloß« *(in troppo brevi chiostri / L'ardir restrinse de l'ingegno umano)* – wie Tasso mit zugleich antiklerikaler Wendung erläutert.

Das Pathos der nautischen Selbstbefreiung des abendländischen Menschen aus den durch die Säulen des Herkules markierten Grenzen der Alten Welt verbindet sich bei Tasso mit dem utopischen Motiv, den Weg zu einem irdischen Paradies zu eröffnen. Als Ziel menschlichen Glücksstrebens wird die im Atlantik gelegene Insel der verführerisch schönen Zauberin Armida geschildert, deren prächtiger Palast von verschwenderisch angelegten Gärten umgeben ist. Auf wunderbare Weise gedeihen in ihnen Obstbäume, die gleichzeitig Blüten und Früchte tragen. Dieses und ähnliches mehr scheint ein Werk der Natur, ist in Wahrheit jedoch durch unsichtbare Magie bewirkt (XVI, 9): »Von der Kunst, die alles schafft, ist nichts zu bemerken« *(L'arte, che tutto fa, nulla si scopre)*. Doch die magischen Kräfte, die in der Herrin der Insel verkörpert sind, stehen im Dienst des Teufels: Wer dem von ihnen hervorgerufenen Zauber erliegt, wird von der christlichen Bestimmung seines Lebensweges abgebracht. Wie bei Dante droht letztlich auch hier demjenigen, der jenseits der einmal gezogenen Grenzen sein Glück sucht, der Untergang – zwar nicht der physische, so doch der sittliche.

Das von Tasso wie bereits von Ariost aus den spanischen Amadis-Romanen übernommene Motiv der Zauberinsel verbindet sich bei Bacon mit der Idee des sozialutopischen Inselstaates, wie ihn Thomas Morus im Anschluß an Platon in seiner *Nova insula Utopia* (1516) entworfen hatte. Bacons Fragment gebliebene Schrift *Neu-Atlantis* (1627) vollzieht den zivilisatorischen Schritt von der Magie zur angewandten Wissenschaft.[9] Was einmal Glaube und Phantasie als Wirkung übernatürlicher Mächte imaginierten, ist in Bacons Utopie als reines Menschenwerk möglich geworden: als Ergebnis arbeitsteilig organisierter Forschung. So sind die wissenschaftlich geplanten Obstplantagen in *Neu-Atlantis* und die vormals erträumten Zaubergärten in der Veredelung der Arten einander ähnlich. Dagegen unterscheiden sie sich in ihrem Zweck: Nicht mehr die ästhetische Wirkung, sondern der allgemeine Nutzen bestimmt die Qualität von Neuzüchtungen – gemäß dem Wechsel vom kontemplativen zum tätigen Leben. Vorweggenommen wird manche Zukunftsvision, die gerade in unserer Zeit ihre volle Aktualität dadurch erlangt, daß auch ihre Problematik sichtbar wird. Bacons utopischer Berichterstatter vermag sich da noch von ungebrochenem Optimismus leiten zu lassen, wenn er die züchterischen Errungenschaften preist: »Wir erreichen auf künstlichem Wege, daß sich in diesen Obstplantagen und Gärten Früchte und Blüten früher oder später als zur natürlichen Zeit bilden, ferner, daß die Pflanzen und Bäume in kürzerer Zeit keimen, knospen und Früchte tragen, als ihrer Natur entspricht. Wir können auch Bäume und Pflanzen höher werden lassen, als sie es normalerweise sind, wir können bewirken, daß ihre Früchte größer und süßer werden, und daß sie ihren Geschmack und Geruch, ihre Farbe und Gestalt gegenüber der ursprünglichen Form verändern. Viele Pflanzen züchten wir so um, daß sie uns als Heilmittel dienen. [...] Ferner erzeugen wir neue Pflanzen, die von den gewöhnlichen verschieden sind, und können Pflanzen einer Art in andere verwandeln.«[10]

All dies soll durch Methoden des Pfropfens und Okulierens sowie aufgrund besonderer Zusammensetzung des Bodens gelingen – gezielte Veränderungen der Erbsubstanz liegen noch außerhalb des Horizonts möglichen Wissens. Doch gibt es technische Geräte von frappierender Modernität, wie U-Boote, Flugzeuge, Klimaanlagen, Telefone, Lautsprecher und Filmprojektoren neben den eher klassischen Erfindungen, wie Mikroskop und Fernrohr oder Dampfmaschine und Wasserturbine. Auch fehlt es nicht an medizinischen Einrichtungen und pharmazeutischen Produkten, die in solchem Grade gesundheitsfördernd sind, daß sie lebensverlängernd wirken. Die angestrebte Verbindung von technologischer und sozialer Utopie würdigt Bloch, wenn er Bacon zunächst zugesteht, »entgegen der landläufigen Meinung, weder ein purer Utilitarier noch ein purer Empirist«[11] zu sein, um dann dessen Grundidee zu benennen: »Aus einer Welt von Seuchen, Mangelkrise, Unterproduktion, aus einer Welt, der Bacons bewunderter Montaigne zugerufen hatte: Grâce à l'homme, sollte zu dem Überfluß herausgetreten werden, der frühen Utopien einzig durch ihre Verlegung in eine ›paradiesische Natur‹ erreichbar schien, zu dem Überfluß, der dem regnum hominis vorhergeht wie das Essen dem Tanz.«[12]

Freilich macht Bloch auch geltend, daß sich bis heute nur die technologische, nicht aber die bewußte soziale Entwicklung hin zu einem menschenwürdigen Weltzustand verwirklicht habe – wie ironischerweise gerade der sozialutopische Teil des Baconschen Buches unausgeführt geblieben sei. Weder habe inzwischen der Fortschritt humane Zustände herbeigeführt, noch werde die Technik ihrem Auftrag, vor Naturkatastrophen zu bewahren, gerecht, solange sie selbst Ursache von Katastrophen sei. Bacon habe noch die Hoffnung des frühen Kapitalismus teilen können, durch die bloße Entfesselung der Produktivkräfte Mangel und Not zu überwinden. Doch seine Absichten seien in der bürgerlichen Epoche von dem Interesse an der ›Ausbeutung‹ der Natur durchkreuzt worden. Bacon habe versucht, diese Gefahr zu bannen, indem er die noch als ›Naturweisheit‹ konzipierte Wissenschaft mit der Verantwortung betrauen wollte, über ihre Nutzanwendung selbst zu entscheiden und dies nicht Gewinnsüchtigen zu überlassen. Bloch zufolge hat Bacon also nicht gelehrt, daß wahr ist, was nützt, sondern umgekehrt daß nützt, was wahr ist. Zwar hat er das gesellschaftlich Wahre nicht entfaltet – wie Bloch mit Recht einwendet –, doch hat er es mit dem hebräischen Namen seiner utopischen Insel benannt, die bei ihren Bewohnern ›Bensalem‹ heißt, was ›Söhne des Friedens‹ bedeutet. Die historische Entrücktheit des darin ausgesprochenen Menschheitszieles wird dadurch angedeutet, daß Bensalem weit über die Säulen des Herkules hinaus, sogar jenseits der bekanntgewordenen Neuen Welt irgendwo im Pazifik gelegen ist. Mit der zusätzlichen Bezeichnung ›Neu-Atlantis‹ knüpft Bacon an Platon an und setzt sich zugleich von ihm ab. Gegenüber der in den Dialogen *Timaios* (24e–25d) und *Kritias* (112e–121c) beschriebenen Insel Atlantis, die durch ein Erdbeben im Atlantik versunken sein soll, verdankt sich das irdische Paradies auf Neu-Atlantis weniger der Gunst der Natur als vielmehr dem Erfindungsgeist des Menschen. Den Weg dorthin eröffnen die Säulen des Herkules. Für den, der sie hinter sich gelassen hat, bilden sie keine

Grenzpfähle mehr, sondern werden zu Triumphsäulen eines Aufbruchs von welthistorischem Rang.

Im Geist einer solchen Ausfahrt zu utopischen Zielen läßt sich auch das allegorische Titelkupfer der *Instauratio magna* angemessen verstehen. Nicht, wie manch flüchtiger Betrachter unter den Interpreten meint, schaut man dem gerade in den Atlantik stechenden Schiff hinterher, während man sich selbst im Mittelmeer befindet und damit noch in den Grenzen der Alten Welt verweilt. Bei genauerem Hinsehen erkennt man vielmehr, daß die Segel des Dreimasters auf den Betrachter zu vom Wind aufgebläht sind und daß dementsprechend auch der Bug mit dem deutlich wahrnehmbaren Bugspriet ihm zugewandt ist. Die Vermutung, es handele sich hier um ein aus überseeischen Ländern zurückkehrendes, reich beladenes Handelsschiff, ist insofern abwegig, als Bacon einerseits mit der Allegorie der Säulen des Herkules die Idee eines geistigen und zivilisatorischen Aufbruchs verband, andererseits nicht mit einer Darstellung einverstanden gewesen wäre, welche die von ihm scharf kritisierte Ausplünderung der Kolonien allegorisch verklärt hätte.[13] Auch pflegte seit der römischen Antike die Metapher des ausfahrenden Schiffes am Anfang eines Werkes zu stehen, während das Bild des heimkehrenden Schiffes für den Schluß reserviert war. Ernst Robert Curtius erkennt in der nautischen Metapher ein epochenübergreifendes Motiv, das der literarischen Topik eng verwandt ist: »Der Epiker fährt mit großem Schiff über das weite Meer, der Lyriker mit kleinem Kahn auf dem Fluß. [...] Der Dichter wird zum Schiffer, sein Geist oder sein Werk zum Kahn.«[14] Die bei Curtius aufgezählten Beispiele reichen von Vergil bis zu Dante und belegen, daß die Schiffsmetapher außer in literarischen Texten auch in philosophischen Traktaten verwendet wurde. So begegnet sie bei Dante nicht nur in der *Göttlichen Komödie* am Anfang des ›Purgatorio‹ und des ›Paradiso‹, sondern eröffnet auch das zweite Buch des philosophisch-enzyklopädischen *Convivo* (Das Gastmahl).

Auf dem Baconschen Titelblatt ist die Schiffsmetapher gewissermaßen narrativ erweitert und – gemäß der Allegoriedefinition Quintilians – als ›fortgesetzte Metapher‹ zu einer in vielfältigen Sinnbezügen erzählenden Allegorie entfaltet.[15] Diese stellt das Baconsche Werk sowie den erweiterten Gehalt eines mythischen

Motivs dar: die Überwindung der Säulen des Herkules als Eintritt in ein neues Zeitalter. Entsprechend seiner Stellung am Anfang des Werkes zeigt der Kupferstich die Ausfahrt aus der geschlossenen Welt des Binnenmeeres in das vergleichsweise unendliche Universum des offenen Ozeans mit seinen noch zu entdeckenden utopischen Zielen. Bezieht man den unsichtbaren Betrachter mit ein, so ergibt sich, daß dieser sich bereits auf hoher See befindet und von dort aus – mit Bacons Augen – auf das dargestellte Schiff zurückschaut, das ihm mit vollen Segeln folgt, begleitet von einem weiteren Schiff in der Ferne. Das unsichtbare und dennoch gegenwärtige Schiff des Betrachters, das schon über die Grenzen der Alten Welt hinaus ist, repräsentiert somit das vorliegende Werk des Philosophen Bacon, das seinerseits die angestammten Grenzen des Wissens transzendiert hat. In dem gerade die Meerenge passierenden Segler, den das Titelblatt zeigt, soll sich der Leser selbst erkennen und sich aufgefordert fühlen, Bacons Beispiel zu folgen und möglichst darüber hinauszustreben.

Die Allegorie des Titelblattes korrespondiert in ihrer programmatischen Bedeutung mit den wissenschaftstheoretischen Initiativen, die im Text der fertiggestellten Werkteile vorgetragen werden und die an maßgeblichen Stellen auch deutlich auf diesen allegorischen Verweisungszusammenhang anspielen. So setzt die Vorrede der *Instauratio magna* – der großen Erneuerung der Wissenschaften – mit der Feststellung ein, daß die Menschen das bislang Erreichte ebenso überschätzen, wie sie ihre künftigen Möglichkeiten unterschätzen, und daß sie daher den überlieferten Fertigkeiten einen viel zu hohen Wert beimessen, während sie ihre eigenen originären Fähigkeiten verkennen. Dadurch werden den Wissenschaften ›Schicksalssäulen‹ *(scientiis columnae fatales)* errichtet, über die hinauszugelangen *(ad ulterius penetrandum)* die Menschen weder den Wunsch noch die Hoffnung haben.[16] Die geographische Erweiterung der bekannten Welt durch besonnene und zugleich mutige Seeleute wie Kolumbus gilt Bacon als Vorbild für die noch ausstehende Entwicklung der Wissenschaften. Das von ihm benutzte Wort *›ulterius‹* ist in seiner adverbialen Form *›plus ultra‹* die nautische Devise des beginnenden neuen Zeitalters und bildete insbesondere den Wahlspruch Karls V., dessen Reich sich weit über die Säulen des Herkules hinaus in die

Neue Welt erstreckte. Einen vergleichbaren theoriegeschichtlichen Anspruch erhebt Bacon, indem er in seinen Schriften wiederholt in der Rolle eines Kolumbus der Wissenschaften auftritt. In seinem methodologischen Hauptwerk *Novum Organon* (1620), in dem er eine materiale Logik des Erfindens entwirft und diese gegen die formale Logik des Schließens in der Tradition des aristotelischen *Organon* wendet, ist es die durch Wissen begründete Zuversicht, die ihn mit Kolumbus verbindet und gegen zeitgenössische Skeptiker einwenden läßt: »Daher muß ich meine Auffassungen, welche die Hoffnung in dieser Sache anregen, offen darlegen und unterbreiten. So machte es Kolumbus, bevor er seine berühmte Seereise durch den Atlantischen Ozean antrat. Er legte die Gründe dar, warum er überzeugt war, neue Länder und Erdteile außer den schon bekannten aufzufinden. Wenn diese Gründe zunächst auch verworfen wurden, so sind sie später doch durch die Erfahrung bestätigt worden. Sie wurden die Ursachen und Anfänge der größten Ergebnisse.«[17]

Um sich von der Küstenschiffahrt zu lösen und doch sicheren Kurs im offenen Meer zu halten, war es nötig, daß zunächst der Kompaß erfunden wurde, wie Bacon mehrfach betont. Als unerläßliches Instrument zur Orientierung in bisher fremden Weltgegenden ist ihm der Kompaß zugleich modernes Äquivalent des mythischen Ariadnefadens und Metapher der für die neue Wissenschaft erforderlichen Methode auf ihrem Weg durch die dem Verstand zunächst als ›Labyrinth‹ erscheinende Welt.[18] Das Vertrauen freilich in das Gelingen einer Erneuerung der Wissenschaften, die Hoffnung auf eine Überwindung wissenschaftsbezogener Kleingläubigkeit und metaphysikgeschichtlicher Autoritätsgläubigkeit schöpft Bacon nicht aus neueren Erfindungen, sondern aus weit zurückliegenden Quellen, sei es in den griechischen Mythen, sei es in den Büchern des Alten Testaments. Aus diesen zitiert er insbesondere apokalyptische Weissagungen, die er als verschlüsselte Visionen eines mit Hilfe der Wissenschaften zu erringenden irdischen Paradieses begreift. So beruft er sich im *Novum Organon*, nachdem er den Vergleich mit Kolumbus gezogen hat, auf einen Ausspruch des Propheten Daniel: »Auch die Prophezeiung Daniels über die letzten Zeiten der Welt ist nicht zu überhören: ›Viele werden vorübergehen, und von vielerlei Art wird die Wissenschaft sein‹. Sie deutet klar an und weist darauf hin, es sei von der Vorsehung beschlossen, daß die Durchwanderung der Welt, die nach so vielen Seereisen so gut wie erreicht oder wenigstens schon nahe bevorzustehen scheint, und die Vertiefung der Wissenschaften in dasselbe Zeitalter fallen.«[19]

Dasselbe Daniel-Zitat erscheint auch als Bildunterschrift auf der Titelseite der *Instauratio*. Es verwandelt gleichsam die räumliche Darstellung der Grenzüberschreitung in die zeitliche Vorstellung des Übertritts in ein neues Weltalter. Damit verbindet sich eine geschichtstheologische Aufladung des allegorischen Sinns, die noch deutlicher wird, wenn man den der zitierten Bibelstelle (Daniel 12,4) unmittelbar vorangehenden Satz mit hinzunimmt, in dem Daniel das göttliche Gebot erhält, die Weissagung zu versiegeln: »Und du, Daniel, verbirg diese Worte und versiegele diese Schrift bis auf die letzte Zeit.«[20] Die am mythischen Anfang der historischen Zeit ergangene Prophetie eines messianischen Reiches am Ende der Zeiten nimmt die Form eines Geheimnisses an, das zu enträtseln nur der Eingeweihte berufen ist. Bacon nun greift die apokalyptische Botschaft auf, um sie im Sinne einer konkreten Utopie zu entschlüsseln und sie auf solche Weise zu säkularisieren. Was später, nachdem es weitgehend historisches Resultat geworden ist, bei Feuerbach und Marx als Aufhebung des Mythos durch seine wissenschaftlich-technische Verwirklichung analysiert wird, befindet sich bei Bacon noch in *statu nascendi*. Entmythologisierung einerseits und Legitimierung durch den Mythos andererseits sind im Entstehungsprozeß der Moderne noch zwei untrennbare Seiten ein und derselben Medaille. Bewahrung und Verabschiedung mythologischer Imaginationen gehen im Zeichen ihrer durch den Menschen herbeigeführten Erfüllung ineinander über. Die ursprüngliche, der magischen Kraft der Namen zugeschriebene Macht über die Natur im Lauf der Geschichte durch Arbeit und Wissenserwerb wiederzugewinnen, ist – so Bacon – das dem Menschen auferlegte biblische Gebot, seit er aus dem Paradies vertrieben wurde: »Denn der Mensch hat durch seinen Fall den Stand der Unschuld und der Herrschaft über die Geschöpfe verloren. Beides aber kann bereits in diesem Leben einigermaßen wiedergewonnen werden, die Unschuld durch Religion und Glauben, die Herrschaft durch Künste und Wissenschaften. Denn die Schöpfung ist durch den Fluch nicht gänzlich und bis ins Mark hinein widerspenstig gemacht worden. Sondern kraft jenes Machtspruches: ›Im Schweiße Deines Angesichts sollst Du Dein Brot essen‹ wird sie durch mancherlei Arbeit – gewiß nicht durch Disputationen oder nutzlose magische Formeln – dahin gebracht, schließlich und einigermaßen dem Menschen sein Brot zu gewähren, das heißt, den Zwecken seines Lebens zu dienen.«[21]

Mit dieser Vision bricht das zweite Buch des *Novum Organon* ab. Gewiß ist darin auch ein calvinistisches Credo zu frühbürgerlichem Arbeitsethos enthalten; doch Bacon hat hier weniger eine moralische Zielsetzung im Auge als vielmehr eine *geschichtsphilosophische Konstruktion*, die ihm die Begründung der Moderne aus dem Geist des Alten Testaments und der antiken Mythologie erlaubt. Zwischen den beiden Epochen des allegorisch verhüllten ursprünglichen Wissens und seiner Fortführung im Sinne neuzeitlicher Rationalität und Empirie dehnt sich ein langes Zeitalter, in dem ›Disputationen oder nutzlose magische Formeln‹ vorherrschen und die Entstehung von Erfahrungswissenschaften verhindern. Spekulatives Denken, das Bacons nominalistischer Kritik zufolge Inhalte aus bloßen Begriffen herausspinnt, vermag kein produktives Leben zu bewirken, wie dies aufgrund empirischer Erkenntnisse und ihrer praktischen Anwendung möglich wird. Die Geschichte der abendländischen Metaphysik seit Platon und Aristoteles bildet daher in seinen Augen ein Zeitalter fruchtloser Scheingelehrsamkeit, das nur durch einen radikalen Umbruch zu beenden ist. So fordert Bacon im *Novum Organon*: »Vergeblich könnte man in den Wissenschaften einen großen Zuwachs erwarten, wollte man auf die alten Grundlagen das Neue aufsetzen und ihnen aufpfropfen; die Erneuerung hat vielmehr von den Grundlagen her zu erfolgen, wenn man sich nicht fortwährend bei kümmerlichem und fast unbedeutendem Fortschritt im Kreise herumdrehen will.«[22] An diese Baconsche Lehre von der theoriegeschichtlichen Diskontinuität, die dem wissenschaftlichen Fortschritt von Anfang an zugrunde liegt, wird noch Gaston Bachelard mit seinem Begriff des ›erkenntnistheoretischen Bruchs‹ *(coupure épistémologique)* anknüpfen können.[23] Dabei ergibt sich eine Verschiebung der Bedeutung vom Programmatischen zum Deskriptiven hin. Bachelard blickt als Theoretiker der Wissenschaft auf deren Entwicklung zurück, während Bacon sie allererst als ein neues Denken zu konstituieren und abzugrenzen sucht. Dazu greift er im Geist der Renaissance auf das Vorbild des Altertums zurück und setzt den dazwischenliegenden Zeitraum zu einem stagnierenden mittleren Weltalter herab. Dessen Frühphase verlegt er freilich vor bis in die Entstehungsphase des metaphysischen Denkens, um seinerseits noch dahinter zurückzugehen und unter den vorsokratischen Naturphilosophen authentische Vorläufer zu finden. Doch auch frühe abendländische Denker wie Heraklit, Empedokles und Demokrit erkennt Bacon nur insofern an, als sie seiner Auffassung nach noch an einem Wissen teilhaben, das ihnen in den Mythen überliefert ist und das bis in jene vorgeschichtliche Zeit zurückreicht, da noch in Erinnerung war, wie der Mensch vor dem Sündenfall der Natur zu gebieten wußte. Bereits in seiner ersten programmatischen Schrift, dem 1603 verfaßten Fragment *Valerius Terminus*, macht Bacon denn auch die Wiederherstellung der paradiesischen Naturbeherrschung zur Aufgabe des wissenschaftlichen Denkens: »Das wahre Ziel des Wissens ist vielmehr, die Hoheit und die Macht des Menschen (denn sobald der Mensch fähig sein wird, die Geschöpfe bei ihren wahren Namen zu nennen, wird er sie beherrschen), die er im Urzustande der Schöpfung hatte, wiederherzustellen und ihm größtenteils wiederzugeben.«[24]

Die mühelose und gewaltfreie Herrschaft über die Natur, die aufgrund von Adams Namensgebung möglich war, ging mit der Vertreibung aus dem Paradies und dem Vergessen der ›wahren Namen‹ verloren. Sie kann aber – wie es am Schluß des *Novum Organon* heißt – durch Kunstfertigkeit und Wissenschaft »einigermaßen wiedergewonnen werden« und stellt insofern für Bacon einen utopischen Grenzbegriff dar. Den ursprünglichen Sprachgestus gegenüber der Natur unmittelbar imitieren zu wollen, galt Bacon als ohnmächtiges Scheinwissen einer bestenfalls durch Zufall erfolgreichen Magie. Diese verurteilt er ebenso wie das mit empirisch leeren Begriffen operierende Denken der Scholastik. Magie und Spekulation sind ihm auch moralisch verdächtig als dünkelhafte Verhaltensweisen von wissenschaftlich Unbedarften. Das ursprüngliche und vollkommene Wissen dagegen, das Adam im Paradies besaß, war frei von aller Überheblichkeit und verschuldete daher nicht den Sündenfall. Dessen Ursache war vielmehr die gegenüber der göttlichen Offenbarung angemaßte Unterscheidung des Menschen zwischen Gut und Böse.

Bacon hat dies zunächst in seinem wissenschaftstheoretischen Entwurf *Valerius Terminus*[25] ausgeführt und es später in die Vorrede der *Instauratio* übernommen, in der es an bedeutender Stelle heißt: »Denn jene reine und unbefleckte Naturerkenntnis, kraft welcher Adam den Dingen, ihren Eigentümlichkeiten entsprechend, die Namen gab, war keineswegs Grund oder Anlaß des Sündenfalles. Vielmehr war der Grund und die Art der Versuchung gerade jene ehrgeizige und herrschsüchtige Begierde nach moralischem Wissen, das über Gutes und Böses entscheidet. Dies führte dazu, daß er von Gott abfiel, um sich selbst Gesetze zu geben. Von den Wissenschaften aber, welche die Natur betrachten, verkündet jener heilige Philosoph, die Ehre Gottes sei es, das Werk zu verhüllen, aber die Ehre des Königs, das Werk zu entdecken.«[26]

Damit beschränkt Bacon die weltliche Geltung der Theologie auf den Bereich des Ethischen und billigt der wissenschaftlichen Forschung eine in der Botschaft der Bibel fundierte Eigenständigkeit zu, so daß er dreihundert Jahre vor Max Weber dessen Lehre von der ›Wertfreiheit der Wissenschaften‹ gewissermaßen calvinistisch sanktioniert hat. Erst im Stadium ihrer technischen Anwendbarkeit werden die wissenschaftlichen Einzelergebnisse ethischen Prüfungskriterien unterzogen. Dadurch soll dem Mißbrauch einer in ihrem Wesen guten und gottgefälligen Fähigkeit des Menschen gesteuert werden. Über die Anfangsgründe des wissenschaftlichen Denkens in nachparadiesischer Zeit unterrichten Bacon zufolge sowohl die griechischen Mythen als auch die Zeugnisse des Alten Testaments. Hier sind es neben den apokalyptischen Prophezeiungen vor allem die von König Salomo überlieferten Weisheitslehren sowie der Bericht über den mit seinem Namen verbundenen Tempelbau, die Bacon als allegorische Präfigurationen einer Neubegründung der Wissenschaften liest. Ausdrücklich würdigt er Salomo auch als Forscher, der eine früh verschollene Naturkunde verfaßt hat: »Über alles, was grün ist, von der Zeder bis zum Moos [...] und ebenso über alles, das lebt und sich bewegt«[27]. Er spricht von ihm wiederholt als dem ›heiligen‹ oder ›göttlichen Philosophen‹, der aufgrund seiner Kenntnisse von sich sagen durfte, es sei die Ehre eines Königs, in den Dingen das herauszufinden, was Gott zu seinem Ruhm in ihnen versteckt habe (Spr. 25,2)[28]. Und Bacon versäumt nicht, im *Vale-*

rius Terminus hinzuzufügen: »Wenn Salomon vom König spricht, meint er den Menschen.«[29]

Mit dieser Erklärung zielt Bacon zugleich auf seine Idee vom wissenschaftlichen Menschen der Zukunft, den er aber im Unterschied zum legendären Weisen des Altertums nicht als den großen Einzelnen im Sinn hat, sondern als Mitglied einer Vereinigung von Wissenschaftlern. Gemeinsam erst vermögen diese – im Zusammenspiel von Spezialisierung und Kooperation, in der Weitergabe und Mehrung des Wissens von Generation zu Generation – das einst erreichte Niveau an Naturkenntnis wiederzugewinnen und darauf ein neues Gebäude angewandter Wissenschaften zu errichten. Von dieser Vision ausgehend, imaginiert Bacon die technische Utopie ›Neu-Atlantis‹, die einer wissenschaftlichen Akademie unterstellt ist mit dem Namen ›das Haus Salomons‹. Auf solche Weise kombiniert er das Mythische mit dem Utopischen, das Heilige mit dem Modernen, den Tempel Salomos mit einem naturwissenschaftlichen Institut für theoretische und experimentelle Forschung. Die im Geist der Renaissance konstruierte wechselseitige Spiegelung des Ursprünglichen im Künstlichen und des Künstlichen im Ursprünglichen hat zentrale Bedeutung für den allegorischen Verweisungszusammenhang von Bacons Werk wie auch für das Selbstverständnis von dessen Autor. So zeigt Charles Whitney, daß Bacon bereits mit der Wahl des Titels für sein geplantes theoretisches Gesamtwerk einen entscheidenden allegorischen Bezug herstellt. »Bacon verlieh seinem Programm [...] ein Warenzeichen: Instauratio Magna, die Große Erneuerung. [...] In der Tat gebraucht er das Wort [...], um auf die Wiederherstellung oder den Wiederaufbau des Tempels des Königs Salomo in Jerusalem zu verweisen [...]«.[30] In Anknüpfung an den Wortgebrauch der von ihm benutzten lateinischen Bibelversion der *Vulgata* verwendet Bacon den Begriff der ›Instauratio‹ in einem säkularisierten Sinn, um die »apokalyptische Erneuerung der Erkenntnis in einem spezifisch architektonischen Kontext«[31] zu bezeichnen – nämlich im Kontext einer allegorischen Wiedererrichtung des salomonischen Tempels, der in Gestalt des Tempels der Künste und Wissenschaften von Bacon neu geplant wird. Dabei orientiert sich Bacon, wenn auch nicht *expressis verbis*, historisch an dem prachtvollen Neubau des Tempels durch Herodes, dessen vielbewundertes Werk jedoch durch Titus bald wieder zerstört wurde. Topologisch ist das von Bacon konzipierte geistige Gebäude des erneuerten Wissens freilich auf den ersten wieder aufzubauenden Tempel Salomos bezogen.

Es entspricht der Baconschen Denkweise und Rhetorik, daß die Vorstellung von der Wiedererrichtung des salomonischen Tempels nicht als bloße Metapher zur stilistischen Ausschmükkung der Rede gedacht ist. Vielmehr handelt es sich hier um eine Allegorie, die noch den geschichtstheologischen Erklärungsmodellen der mittelalterlichen Bibelexegese verpflichtet ist. Danach wurde der heilsgeschichtliche Zusammenhang zwischen Altem und Neuem Testament als ›typologisches‹ oder ›allegorisches‹ [32] Verhältnis bestimmt, in dem Verheißung und Erfüllung einander entsprechen. Hinsichtlich der darüber im zwölften Jahrhundert von dem einflußreichen Pariser Scholastiker Hugo von St. Victor angestellten Überlegungen, die er, übereinstimmend mit den Kirchenvätern, in seinem Werk *Didascalicon* vorträgt, erläutert Hennig Brinkmann: »In dem Abschnitt über den *ordo cognitionis*, der bei der Lektüre der Heiligen Schrift fordert, vom besser Bekannten, d. h. vom Neuen Testament auszugehen, bestimmt Hugo von St. Victor das Verhältnis zwischen den beiden Testamenten in der Weise, wie es durch den Apostel Paulus festgelegt worden war: die Wahrheit wird im Neuen Testament offen verkündet *(manifesta praedicatur veritas)*, während sie im Alten Testament nur unter dem Schatten von ›Figuren‹ verborgen vorherverkündigt wird *(veritas figuris adumbrata occulte praementiatur)*. Im Alten Testament wurde die Wahrheit verheißen, im Neuen gewährt *(ibi promissa, hic exhibita)*. Christus hat, was versiegelt war, entsiegelt.« [33] Die heilsgeschichtlichen Präfigurationen des Alten Testaments – die ›Figuren‹ – treten im Neuen Testament aus dem Schatten ans Licht. Die Wahrheit vermag hier ohne allegorische Verhüllung im Erlösungswerk Christi offenbar zu werden. Auch der aus Stein erbaute Tempel stellt eine präfigurative Allegorie dar, die auf die Ankunft des Erlösers verweist und mit dessen Erscheinen in ihn selbst übergeht. Dies machen Jesu eigene Worte deutlich, wenn er erklärt, es sei an der Zeit, den Tempel abzubrechen, damit er ihn in drei Tagen wiederaufbaue (Joh. 2,19; Mk. 14,58). Aber auch der im Augenblick seines Todes zerreißende Tempelvorhang vor dem Allerheiligsten läßt sinnfällig werden, daß die bis dahin nur verhüllt anwesende Wahrheit unmittelbare Wirklichkeit geworden ist.

Der Tempel Salomos galt den Juden nicht nur als das Haus Gottes und als die heilige Mitte der Völker und des Kosmos, er wurde auch als *imago mundi*, wie Mircea Eliade sagt[34], als Gesamtbild des Universums angesehen. Die Idee des Tempels zeigt mithin einen doppelten allegorischen Aspekt: den typologischen, der auf die Ankunft Christi vorausdeutet, und den epistemologischen, der als *imago mundi* das vollständige Wissen über die Welt der Natur und des Menschen enthält. Bacon überläßt es der auf die transzendenten Inhalte der Offenbarung bezogenen Theologie, von dem ersten Aspekt auszugehen und den zweiten als göttlichen Auftrag der Wissensentfaltung zu respektieren, während er selbst umgekehrt und komplementär dazu sich den epistemologischen Aspekt zu eigen macht und dessen Erneuerung typologisch rechtfertigt. In der Idee des Tempels als *imago mundi* sieht er eine allegorische Präfiguration der unverhüllten Form des Wissens, wie er sie mit seinem enzyklopädischen Programm der modernen Wissenschaften zu verwirklichen sucht. Im *Novum Organon* resümiert er diese Denkstrategie: »Auch errichte oder erbaue ich keineswegs dem menschlichen Hochmut irgendein Kapitol oder eine Pyramide; sondern ich lege im menschlichen Geist den Grundstein für einen heiligen Tempel nach dem Modell der Welt. Daher folge ich diesem Modell. Denn was würdig ist zu existieren, das ist auch wert, erkannt zu werden, denn das Wissen ist das Abbild des Seins.«[35]

Damit wird für Bacon die architektonische Gestalt des salomonischen Tempels zu einem ikonographischen und allegorischen Reservoir, aus dem er sich bei der Abfassung seiner Schriften sowohl in illustrativer als auch in legitimierender Absicht bedienen kann. Herausragendes Beispiel ist das ›Haus Salomons‹ in *Neu-Atlantis*, zu dem der Seeweg – wie das Titelkupfer der *Instauratio* zeigt – zwischen den beiden Säulen des Herkules beginnt. Als Grenzpfähle der Alten Welt bilden sie zugleich das offene Tor auf dem Weg zum Tempel des erneuerten Wissens. Es ist daher naheliegend, mit Charles Whitney eine typologische Doppelbedeutung zu erkennen, indem man neben dem Vorbild aus dem Herkules-Mythos auch einen Bezug zu den beiden freistehenden Bronzesäulen wahrnimmt, die nach biblischem Bericht (1. Könige 7,15–22,2; Chronik 3,15–17) vor dem salomonischen Tempel gestanden haben. So vervollständigt Whitney die geläufige Erklärung der Titelseite, wenn er feststellt: »Auch dort repräsentieren die Säulen des Herkules den Tempel der Welt, durch den das Schiff der apokalyptischen Erkundungsfahrt hindurchfährt, so, wie man durch die Doppelsäulen vor Salomos Tempel hindurchgeht.«[36] Die aus dem Alten Testament vertraute Beschreibung der beiden Säulen vor dem typologisch bedeutsamen Tempel Salomos bildet gleichsam den leuchtenden Untergrund für das aus dem griechischen Mythos entnommene Bild der Säulen des Herkules und macht dieses als Allegorie der Grenze durchlässig für den Vorschein des Utopischen. Das innovative Interesse Bacons gestaltet sich damit in der für die Renaissance charakteristischen Weise als Kombination des Christlichen mit dem Antik-Heidnischen.

Mit einer gewissen Schematisierung läßt sich bei Bacon der geschichtsphilosophische Ort des Mythischen bestimmen, indem man – wie gezeigt – eine Einteilung der Geschichte in drei Zeitalter vornimmt: in das mythische, das metaphysische und das wissenschaftliche. Gegenüber der im neunzehnten Jahrhundert von Auguste Comte konzipierten analogen Unterscheidung von drei gattungsgeschichtlichen Entwicklungsstadien des menschlichen Geistes, dem sogenannten ›Dreistadiengesetz‹, wertet Bacon das metaphysische Stadium nicht als Fortschritt, sondern als Rückfall hinter die Einsichten, die im mythischen Stadium über die Natur und den Menschen gewonnen worden waren. In der Nachfolge nominalistischer Philosophen des Mittelalters, wie Wilhelm von Ockham, kritisiert Bacon den metaphysischen Wahrheitsbegriff reiner Wesensbestimmungen als leere Spekulation und fordert im Anschluß an empiristische Denker der Renaissance, wie Bernardino Telesio, scholastisches Bücherwissen zu verabschieden und statt dessen die Natur sowie den Menschen aus eigener Anschauung zu erklären. Empirisch-praktische Erkenntnisse – stellt er mit Boccaccio und anderen namhaften Humanisten fest – haben in verhüllter Form schon die Schöpfer der griechischen Mythen vorgetragen, die noch vor Homer und Hesiod gelebt haben. Und so wendet er sich der Auslegung ihrer Texte zu, um darin das auf der Höhe seiner Zeit verfügbare Erfahrungswissen vorformuliert zu finden und darüber hinaus Aspekte des Utopischen zu entdecken, die seiner Idee eines wissenschaftlich-technisch herbeizuführenden Paradieses entsprechen.

In seiner 1609 lateinisch erschienenen Schrift *Weisheit der Alten (De sapientia veterum)*, in der er 31 antike Mythen nacherzählt und mit Erklärungen ihres allegorisch verhüllten Gehalts versieht, beginnt Bacon die Vorrede mit einer ebenso poetischen wie präzisen Situierung des Mythos noch vor dem Anfang der schriftlich überlieferten Geschichte: »Das früheste Altertum ist mit Ausnahme dessen, was von ihm in der Heiligen Schrift bewahrt ist, in Schweigen und Vergessen gehüllt. Auf dieses Schweigen folgten die Sagen der Dichter, auf diese Sagen die Schriften, die uns überliefert sind. Es scheint also, als sei in der Mitte zwischen den verborgenen Tiefen des Altertums und der Zeit der schriftlichen Überlieferung ein Schleier von Sagen gespannt, der das, was verlorengegangen ist, von dem trennt, was erhalten ist.«[37]

Es fällt auf, daß Bacon von vornherein eine historische Beziehung zwischen antiker Mythologie und Altem Testament herstellt, indem er beide, wenn auch mit verschiedener Entstehungszeit, als die ältesten Zeugnisse des Menschengeschlechts darstellt. Seine Bestimmung des Mythos als ›Schleier‹ oder ›Vorhang‹ *(velum)*, der vor die heiligen, noch in der Bibel präsenten Ursprünge gezogen ist, stiftet zudem einen hermeneutischen Zusammenhang, zumal der Text des Alten Testaments nach den Grundsätzen der patristischen und scholastischen Bibelexegese ebenso als ›Hülle‹ *(involucrum)* der darunter verborgenen Wahrheit verstanden wurde. Ein Schlüsselbegriff der mittelalterlichen Hermeneutik wird damit in seiner Bedeutung von der Auslegung der Bibel auf die Deutung des Mythos übertragbar und vermag sich dabei zugleich zu säkularisieren. Die heilsgeschichtliche Perspektive, in der sich eine typologische Verzahnung von Altem und Neuem Testament konstruieren ließ, wandelt sich bei Bacon zur Perspektive konkreter Utopie, in der das im Mythos Berichtete als lehrreiche Vorstufe und imaginäre Vorwegnahme einer durch Menschenwerk verbesserten Lebenswelt erklärbar wird. Die den Mythen zuerkannte Bedeutung als ›Parabeln‹ oder Allegorien versteht Bacon mit seinen humanistischen Vorbildern als Paradoxie von Verhüllung und Veranschaulichung eines zugrunde liegenden Sinns, den er sich bemüht, aus der bildlichen

Sprache der ›Hieroglyphen‹ in die begriffliche Sprache der ›Buchstaben‹ zu übertragen: »Parabeln sind auf zweierlei Weise und (was eigenartig ist) zu entgegengesetzten Zwecken verwendet worden. Denn sie dienen ebenso dazu, die Bedeutung zu verhüllen und zu verschleiern, wie sie zu erhellen und zu verdeutlichen.«[38]

Die Entstehung dieser Paradoxie sieht Bacon durch die ungleichzeitige gattungsgeschichtliche Entwicklung des menschlichen Verstandes bedingt, auf dem Weg von der Unmittelbarkeit sinnlicher Wahrnehmung zur Abstraktion theoretischer Erkenntnis. Bei der allmählichen Herausbildung des Geistes unter den Menschen haben jene, die infolge ihrer überlegenen Einsichten den Ruf von Weisen erwarben, sich in ›Sagen‹ oder ›Fabeln‹ *(fabulae)* mitgeteilt, um zunächst durch die bildliche Ausdrucksweise Neues und bisher Ungewohntes allgemein verständlich und akzeptabel zu machen. Neben der Herausstellung dieser aufklärerischen Seite des Mythos meint Bacon, in der Vorrede zur *Weisheit der Alten* von einer Untersuchung der verhüllenden Funktion mythischer Rede, »um Streit zu vermeiden«[39], weitgehend absehen zu können. Mehr darüber findet sich in seinem enzyklopädischen Werk *Über die Würde und den Fortgang der Wissenschaften (De dignitate et augmentis scientiarum)* von 1623 im zweiten Buch, in dem er eine ›Einteilung der Poesie in die erzählende, dramatische und parabolische‹ vornimmt. Die ›parabolische Poesie‹, so die Bezeichnung für den mythischen Diskurs, stiftet im Dienst der Religion »die Verbindung göttlicher und menschlicher Dinge«[40] und dient ebenso als ›Hülle‹ wie zur ›Erklärung‹. Für die erklärende, didaktische Funktion wird auch hier die Ungleichzeitigkeit der gattungsgeschichtlichen Entwicklung als Grund angegeben, während der Gebrauch als ›Hülle‹ auf die Unantastbarkeit des darin geborgenen Gehalts zurückgeführt wird. So heißt es in Johann Hermann Pfingstens Übersetzung von 1783: »Der andere Gebrauch der parabolischen Poesie ist gleichsam dem ersteren entgegen gesezt, weil er wie wir gesagt haben, zur Hülle dient, nemlich diejenigen Dinge einzuhüllen deren Würde gleichsam mit einem Schleyer bekleidet zu werden, verdient: das ist, wenn das Verborgene und Geheimnißvolle der Religion, der Politik, und der Philosophie in Fabeln und Parabeln verstekt wird.«[41]

Was von dem Mythos in seiner erklärenden Wirkung gilt, ist –

wenn auch von Bacon unausgesprochen – ebenso für seine verhüllende Funktion vorauszusetzen: In beiden Fällen besteht ein geistiges Gefälle zwischen dem Weisen und seinem Volk. Im ersten Fall versucht er, den Abstand zu überbrücken, im zweiten hinterläßt er sein Wissen in einer Form, die erst eine spätere Generation zu entschlüsseln vermag. Man könnte hier von einer *utopischen Dimension des Mythos* sprechen, müßte sich aber bewußt bleiben, daß damit nur der formale Aspekt gelingender Kommunikation gemeint wäre, wohingegen der inhaltliche des utopischen Wissens Bacon zufolge der entscheidende ist und für eine utopische Qualifikation des Mythos ausschlaggebend wäre. Soweit hierin eine Erinnerung an die gewaltlose Naturbeherrschung im paradiesischen Urzustand fortlebt – so läßt sich im geschichtsphilosophischen Kontext des Baconschen Gesamtwerks folgern –, verdient diese Botschaft geheimgehalten zu werden, bis sie schließlich mit Hilfe der Wissenschaften neue Wirklichkeit werden kann. Dafür spricht auch die Analogie zu dem göttlichen Gebot, das an den von Bacon zitierten Propheten Daniel erging, die apokalyptische Weissagung zu versiegeln und bis auf ›die letzte Zeit‹ zu verbergen. Mit der wissenschaftsutopischen Zuspitzung mancher seiner Mythendeutungen geht denn auch Bacon über die unmittelbar von ihm benutzten Autoren hinaus.

Wie Charles W. Lemmi in seiner umfassenden Studie über Bacons Vorbilder unter den humanistischen Mythographen gezeigt hat[42], orientieren sich dessen allegorischen Mytheninterpretationen hauptsächlich an dem in Spätrenaissance und Barock maßgeblichen Werk des Italieners Natalis Comes (Conti) *Mythologiae sive explicationum fabularum libri X* (1551) und an Boccaccios berühmter Darstellung *De genealogia deorum* (1472), die beide in zahlreichen Auflagen erschienen waren. Insbesondere von Comes übernimmt Bacon neben vielen Einzelheiten einen Grundgedanken, den dieser in freier Anknüpfung an die bereits in der Antike entwickelte Methode der Mythenallegorese formuliert hat – daß nämlich in der Mythologie eine sinnbildlich eingekleidete Gestalt der Philosophie vorliegt, bei der naturphilosophische und ethische Lehrsätze durch Gottheiten verkörpert werden. So erklärt Comes zu Beginn des sein Werk abschließenden zehnten Buches: »Da diese Lehren in den Sagen der Alten enthalten waren, behauptete ich, daß jene, die später Philosophen genannt wurden, die Anfänge ihrer Philosophie von eben diesen Sagen hergenommen haben und daß ihre Philosophie nichts anderes war als die Bedeutung dieser Sagen, die sich ergibt, wenn man ihre Hüllen und ihre Einkleidung abstreift. Denn, da fast alle Philosophie zuerst von Ägypten nach Griechenland gebracht worden war, was spricht dagegen, daß sie bei den Griechen in Gestalt von Sagen über Generationen hinweg weitergegeben wurde? Als nämlich die ägyptischen Priester in diesen frühen Zeiten zuerst zu philosophieren begannen, bemühten sie sich, ihr Wissen von den heiligen Dingen für sich zu behalten, damit es nicht unter die Menge geriet; sie machten sich daran, Zeichen zu erfinden, mit denen sie die Lehren der Weisheit und die heiligen Mysterien geheimhalten konnten, und nannten sie Hieroglyphen. [...] Was nun die griechischen Sagen anlangt, so ist es in der Tat verwunderlich, daß einige sowohl eine historische als auch eine naturphilosophische und ethische Erklärung erlauben, während andere nur naturphilosophisch, wieder andere nur ethisch interpretiert werden können.«[43]

In der Epoche der ›Entdeckung der Welt und des Menschen‹, wie Jacob Burckhardt die Renaissance umschrieben hat, war die christliche Verteufelung der antiken Mythologie im Geiste eines Augustin nicht nur obsolet geworden, die Mythen erfuhren auch eine Anverwandlung an einen im Diesseits verankerten Humanismus. Die Entdämonisierung der heidnischen Gottheiten geschah in Form ihrer Verweltlichung zu Allegorien, die in der Funktion bloßer Personifikationen naturphilosophische, politische und ethische Prinzipien repräsentierten. Soweit sie feststehende Attribute erhielten, konnten einige zu beliebten Motiven in der bildenden Kunst werden und jahrhundertelang in den Ausstattungsprogrammen von Residenzen und öffentlichen Gebäuden ihren Platz behaupten. In vielem an die allegorische Mythendeutung bereits der Antike anknüpfend, entwickelte sich die humanistische Auslegung des Mythos zur intellektuellen Aneignung durch eine Geisteshaltung, die von sich aus die Tendenz hatte, in Allegorien zu denken. Damit kam es zu einer Symbiose, von der Ernst Cassirer feststellt: »Der antike Mythos erhält jetzt eine neue Rolle zugewiesen: er wird zum Vehikel der logischen Denkarbeit.«[44] Nicht mehr ist der Mythos das zu erklärende

Phänomen, er selbst ist Medium und Instrument des erklärenden Denkens geworden. Mit seinem reichhaltigen Kompendium, das gegenüber ähnlichen Werken durch einen ausführlichen Index bequem zugänglich ist, hat Comes eine epochale Enzyklopädie naturphilosophisch und ethisch explizierter Mythenerzählungen an die Hand gegeben. Bacon konnte hier, insbesondere in den erklärenden Teilen, mannigfache Ansätze für seine eigene Darstellung finden, zumal er die pragmatische Grundkonzeption des Werkes teilte. Sein äußerlich viel bescheideneres Unternehmen der im Westentaschenformat herausgegebenen *Weisheit der Alten* ist freilich nicht so sehr eine verkleinerte mythographische Materialsammlung, als vielmehr ein allegorisch drapierter Vorgriff auf die Prinzipien eines zukünftigen wissenschaftlichen Denkens. Daher rührt wohl auch der anhaltende Erfolg des Bandes im siebzehnten Jahrhundert.[45]

Neben einer Reihe psychologischer und ethischer Betrachtungen, von denen etliche in die zweite (1612) und dritte (1625) Ausgabe der *Essays* übernommen wurden, unterscheidet Paolo Rossi in seiner Bacon-Monographie[46] vier philosophische Grundthemen, die in Übereinstimmung mit den theoretischen Hauptwerken Bacons in der *Weisheit der Alten* erörtert werden: 1. die Forderung einer klaren Unterscheidung zwischen philosophischem und theologischem Diskurs, zwischen Gegenständen der Wissenschaft und solchen des Glaubens (›Pentheus‹, ›Prometheus‹); 2. die Bestimmung der eigenen Position im Sinne eines naturalistischen Materialismus (›Pan‹, ›Cupido‹); 3. die Untersuchung der zivilisatorischen Funktion wissenschaftlicher Forschung und der Aufweis der Notwendigkeit einer neuen theoretischen Methode (›Atalanta‹, ›Sphinx‹, ›Orpheus‹, ›Prometheus‹); 4. die Hinwendung zu politischem Realismus im Anschluß an Machiavelli (›Metis‹, ›Perseus‹, ›Typhon‹, ›Styx‹). Dabei handelt es sich um Themen, die schon zuvor in den größtenteils unveröffentlichten theoretischen Frühschriften Bacons exponiert worden waren und die nun in mythologischer Einkleidung wieder aufgegriffen und fortgeführt werden. Neuere Bacon-Forscher, wie Rossi, gehen daher davon aus, daß die *Weisheit der Alten* unter Bacons ›philosophische Werke‹ einzureihen ist, nicht aber unter die ›literarischen‹, wie dies sein englischer Herausgeber James Spedding für geboten hielt. Zwar hat Bacon selbst drei Kapitel daraus –

›Pan‹, ›Perseus‹ und ›Dionysos‹ –, als er sie in erweiterter Fassung in sein enzyklopädisches Hauptwerk *De dignitate scientiarum* aufnahm, der allegorischen oder ›parabolischen Poesie‹ zugerechnet, doch verstand er darunter nur formal eine literarische Gattung, inhaltlich dagegen eine abgeleitete Gestalt der mythologischen Urform der Philosophie. So belegen die drei Mythenallegoresen auch keine ästhetische Differenzierung, sondern eine philosophische Untergliederung in die drei Bereiche der Naturphilosophie, der politischen Theorie und der Ethik, denen die drei Beispiele auch ausdrücklich zugeordnet werden.

Dabei ist zu beachten, daß Bacon eine unterschiedliche Gewichtung mit den drei philosophischen Grundrichtungen und den sie repräsentierenden Mythen verbindet, indem er der lange vernachlässigten Naturphilosophie, aus der sich die Naturwissenschaften gerade auszudifferenzieren beginnen, eine Vorzugsstellung einräumt. Naturphilosophie muß Bacon zufolge das theoretische Fundament für alle Sonderdisziplinen bilden, da diese hier ihre gemeinsame Wurzel und Quelle haben, ohne die sie zu abstrakten Irrlehren verkümmern würden. Im *Novum Organon* nennt er sie die ›große Mutter der Wissenschaften‹ und fordert, sie wieder in ihre Rechte einzusetzen: »Inzwischen darf niemand einen beachtlichen Fortschritt in den Wissenschaften, namentlich in ihren praktischen Zweigen, erwarten, solange die Naturphilosophie nicht bis zu besonderen Wissenschaften hingeführt worden ist und solange nicht umgekehrt die einzelnen Wissenschaften wiederum auf die Naturphilosophie bezogen worden sind. Daher kommt es, daß der Astronomie, der Optik, der Musik, den meisten mechanischen Künsten, ja selbst der Medizin und, was noch merkwürdiger ist, der Moral- und Rechtsphilosophie und der Wissenschaft der Logik die ihnen zukommende Höhe und Tiefe fehlen; sie schwanken nur auf der Oberfläche und in der Mannigfaltigkeit der Dinge umher. Nachdem nämlich diese besonderen Wissenschaften abgetrennt und gebildet worden waren, werden sie von der Naturphilosophie nicht mehr ernährt; nur sie konnte ihnen aus den Quellen und der wahren Untersuchung der Bewegungen, der Strahlen, der Töne, des Gewebes und der Bauform der Körper, der Gefühle und der geistigen Auffassungen neue Kräfte und Wachstum verleihen.«[47].

Bacons naturphilosophischer Ansatz, mit dem er es unternimmt, die Natur – als die von Pan verkörperte ›Gesamtheit der Dinge‹ – aus sich selbst zu erklären, setzt systematisch die strikte Trennung von Philosophie und Theologie voraus. Hier war die im mittelalterlichen Nominalismus ausgebildete Lehre von der doppelten Wahrheit vorausgegangen, die den unvermeidlich gewordenen Widerspruch zwischen Glauben und Wissen dadurch zu entschärfen trachtete, daß sie ihn zur Differenz zweier unvereinbarer Perspektiven erklärte: was philosophisch wahr ist, kann theologisch falsch sein und umgekehrt. Somit ließen sich die beiden Sichtweisen gleichermaßen vertreten, wenn man keine von ihnen verabsolutierte, und jeweils anmerkte, ob das Gesagte aufgrund des offenbarten Glaubens *(lumen divinum)* oder infolge der natürlichen Vernunft *(lumen naturale)* gelten solle. Den hierin jedoch fortschwelenden Konflikt sucht Bacon zu überwinden, indem er eine erkenntnistheoretische Grenze zwischen den Gegenstandsbereich des Glaubens und den des Wissens legt. Diese Abgrenzung ist für Bacons philosophisches Werk verbindlich und ermöglicht es, das Programm einer von theologischer Bevormundung befreiten Wissenschaft zu entwerfen. In dem frühen Fragment *Valerius Terminus* wird dies im Eingangskapitel ›Von den Grenzen und dem Ziele des Wissens‹ dargelegt, in der *Weisheit der Alten* sind es besonders die allegorischen Erklärungen der Mythen von Pentheus und Prometheus, an denen die notwendige Trennung von Philosophie und Theologie demonstriert wird. So widerfährt es dem thebanischen König Pentheus – nach Bacons aus Euripides' *Bakchen* verkürzt übernommener Darstellung –, daß er von Dionysos mit Wahnsinn gestraft wird, weil er sich erdreistet hat, heimlich die dem Gott geweihten Mysterien der Bacchantinnen zu beobachten. Er hat aus persönlicher Neugier gewissermaßen die Methode der wissenschaftlichen Oberservation in der Sphäre des Religiösen angewandt, die allein dem Glauben vorbehalten ist. Mit der Profanierung des Heiligen hat er, wie aus Bacons Deutung hervorgeht, bei sich selbst zwei Vermögen des Geistes durcheinandergebracht: *lumen divinum* und *lumen naturale* sind nun nicht mehr als alternative Wahrnehmungsinstanzen tätig, sondern funktionieren hinfort gleichzeitig in bezug auf ein und denselben Gegenstand, der dadurch doppelt erscheint. Dem so Verwirrten kann es nicht mehr gelingen, seine Heimatstadt Theben zu erreichen, da sie sich ihm in doppelter Gestalt darbietet und er zwischen beiden hilflos hin- und herirrt.

Die gleiche Lehre zieht Bacon aus der von ihm vorgetragenen Version des Prometheus-Mythos. In dieser wird der als Schöpfer der Menschheit dargestellte Titan nicht für die zivilisatorische Gabe des Feuers bestraft, das er den Göttern stahl und den Menschen schenkte, sondern für einen Akt barer Hybris, nämlich für »den Angriff auf die Keuschheit Minervas«[48]. Im Vergleich mit der frevelhaften Neugier eines Pentheus bedeutet die hybride Begehrlichkeit des Prometheus einen weiteren Schritt auf der Bahn jenes noch unbeherrschten Verfügungswillens, der in der Herausforderung der grausam strafenden Götter allegorisch vorwegnimmt, was zur technologischen Selbstgefährdung einer künftigen Menschheit werden sollte und doch abwendbar wäre. Der für seine Vermessenheit zur Strafe angekettete Prometheus, dessen Leber von einem Adler zerfleischt wird, stellt eine mythologisch artikulierte Warnung vor der in blinden Machtrausch umschlagenden Vernunft dar. Bacon erklärt das an dieser Stelle noch im Sinne einer notwendigen Selbstbeschränkung der Wissenschaften gegenüber der Theologie: »Es scheint sich hier um nichts anderes als das zu handeln, worin die Menschen häufig verfallen, wenn sie von Künsten und Wissenschaften aufgeblasen sind, nämlich zu versuchen, der Herrschaft der Sinne und des Verstandes selbst die göttliche Weisheit zu unterwerfen, was unvermeidlich die Zerfleischung des Geistes und seine rast- und endlose Verwirrung zur Folge hat. Daher muß der Mensch genau und bescheiden zwischen göttlichen und menschlichen Dingen unterscheiden, wenn er nicht eine ketzerische Religion und eine falsche Philosophie haben will.«[49]

Wie eine Fortbildung jenes mythischen Vergehens, dessen sich Prometheus gegenüber Minerva schuldig machte, erscheint der von Bacon wiedergegebene Mythos des Feuergottes Vulcan, der gleichfalls Minerva Gewalt antun wollte. Als die Göttin ihn jedoch abwehrte, fiel sein Samen auf die Erde. Aus ihr entsproß Erichthonius, dessen mißgebildete Beine die Gestalt eines Aals hatten. Bacon setzt nun in seiner Interpretation Minerva mit der Natur gleich und Vulcan mit der Handwerkskunst, so daß er diesseits der Grenzziehung zur Theologie eine Art Selbstkritik der wissenschaftlichen Vernunft nach eigenen Maßstäben anfügen kann: »Wenn die Handwerkskunst [...] durch die Mißhandlung der Körper versucht, der Natur ihren Willen aufzuzwingen, sie zu erobern und zu unterwerfen [...], erreicht sie selten das von ihr angestrebte Ziel. Unter großem Aufwand und großen Mühen [...] fallen jedoch verschiedene Mißgeburten und untaugliche Werke ab.«[50] Und Bacon kritisiert die Menschen dafür, »daß sie eher mit der Natur kämpfen, als daß sie ihre Umarmung mit der gebührenden Hingabe und Verehrung zu erreichen suchen«[51].

Die hier vertretene Utopie gewaltloser Naturbeherrschung läßt sich wohl kaum mit dem stigmatisierenden Etikett ›Wissen ist Macht‹ versehen, das Bacon ohne weitere Differenzierung gewöhnlich angeheftet wird. Die bedrohliche Dialektik des von ihm angestrebten Fortschritts der Künste und Wissenschaften ist ihm durchaus bewußt, wie auch das Kapitel ›Daedalus oder der Handwerker‹ beweist. Von den ›mechanischen Künsten‹, wie sie Daedalus zu guten und zu schlechten Zwecken gebrauchte, konstatiert Bacon: »Zweifellos verdankt ihnen das menschliche Leben sehr viel [...]. Aus derselben Quelle entspringen aber auch Instrumente der Wollust und des Todes. Denn wir wissen sehr wohl, daß [...] die stärksten Gifte, Waffen und ähnliche Kriegsgeräte selbst die Grausamkeit des Minotaurus übertreffen.«[52] Es geht also nicht an, Bacon weiterhin zum Paradebeispiel unkritischen Fortschrittsdenkens zu machen. Insofern bedarf auch das Verdikt Horkheimers und Adornos am Anfang der *Dialektik der Aufklärung* einer Revision. Offenbar war ihnen die *Weisheit der Alten* unbekannt: sonst hätten sie, statt bloß *gegen* Bacon zu argumentieren, auch *mit* Bacon vor einem Wissen warnen können, das nichts als Macht ist, das »keine Schranken, weder in der Versklavung der Kreatur noch in der Willfährigkeit gegen die Herren der Welt«[53] kennt.

Eine differenziertere Beurteilung des Baconschen Denkens legt auch seine Deutung des aus Ovids *Metamorphosen* entnommenen Orpheus-Mythos nahe. Dabei handelt es sich um das wichtigste Kapitel der *Weisheit der Alten*, wie Klaus Heinrich in seiner Studie über die *Mytheninterpretation bei Francis Bacon* hervorhebt: »Wir betreten in der Geschichte von Orpheus das Zentrum der Baconschen Mytheninterpretation. Orpheus ist der Baconsche Philosoph, und die Orpheus-Allegorie erläutert den Titel des ganzen Werkes, denn ihr Gegenstand sind die ›Werke der Weisheit‹ (scientiae opera).«[54] Schon die Kapitelüberschrift macht dies deutlich: ›Orpheus oder die Philosophie‹. Für die besondere Bedeutung dieser Allegorie gibt Bacon auch gleich zu Beginn eine Erklärung, die er der eigentlichen Darstellung des Mythos voranschickt: »Orpheus selbst, ein anbetungswürdiger und wahrhaft göttlicher Mensch und Meister der Harmonie, der mit seinen süßen und lieblichen Weisen alle überwältigte und hinriß, kann als eine einfache Beschreibung der Philosophie betrachtet werden. Denn wie die Werke der Weisheit diejenigen der Stärke an Würde und Kraft übertreffen, so übertreffen die Werke des Orpheus diejenigen des Herkules.«[55] Es braucht daher nicht zu verwundern, daß Bacon den mythischen Heros der Griechen schlechthin nicht in seine Allegoriensammlung aufnahm, obwohl Herkules sich durch seine zwölf gewaltigen ›Arbeiten‹ die Unsterblichkeit verdient hatte und damit das klassische Sinnbild europäischer Zivilisation, insbesondere in ihrer bürgerlichen Erscheinungsweise, werden konnte.

Bacons Idee der ›Herrschaft des Menschen‹, der *regnum hominis* – wie er im Titel des ersten Buches des *Novum Organon* sagt – zielt nicht auf einen Zustand physischer Unterjochung der Natur ab, wie ihn die Taten des Herkules bewirken, sondern auf eine durch Weisheit und Wissen herbeigeführte Versöhnung, wie sie das Lyraspiel des Orpheus zu stiften vermag. Nur auf einer geschichtsphilosophischen Zwischenstufe des noch unabgeschlossenen Zivilisationsprozesses kann den ›Werken der Stärke‹ ein relatives historisches Recht zukommen. Doch sie müssen den ›Werken der Weisheit‹ weichen, soll das *regnum hominis* Würde und Stabilität gewinnen. Die nautische Überwindung der Säulen des Herkules auf dem Titelkupfer der *Instauratio magna* erhält damit die zusätzliche Bedeutung des Grenzübertritts aus der gewaltsam befriedeten Welt des Herkules in die durch Eintracht gefestigte Utopie des Orpheus. Daß dies nicht nur in der Beziehung zwischen dem Menschen und der Natur gelten soll, sondern auch im politischen Sinn gemeint ist, geht aus dem erklärenden Teil des Orpheus-Kapitels hervor. Darin vergleicht Bacon das Lyraspiel des Orpheus, das die Tiere, Bäume und Steine zu einer friedlichen Versammlung herbeilockt, mit der Aufgabe der Philosophie, sich »den menschlichen Angelegenheiten« zuzuwenden und »den Herzen der Menschen die Liebe zur Tugend, zur Gleichheit und zum Frieden einzuflößen und die Menschen zu lehren, sich zusammenzuschließen« – als Voraussetzung einer gedeihlichen Entwicklung des Gemeinwesens, die anschließend beschrieben wird: »Darauf folgt bald die Errichtung von Häusern, die Gründung von Städten, die Bebauung von Feldern und das Anlegen von Obstgärten, so daß man mit Recht sagen kann, Steine und Bäume hätten ihre Plätze verlassen und sich um die Menschen versammelt.«[56].

Wer also in *Neu-Atlantis* den nicht ausgeführten sozialutopischen Teil vermißt, kann hier in der Orpheus-Allegorese die entsprechenden Ansätze dazu finden. Diese sollten auch maßgeblich sein für die Beurteilung solcher Allegorien, wie ›Typhon oder der Rebell‹, in denen Bacon an den politischen Realismus Machiavellis anknüpft – seines in den *Essays* wiederholt genannten Vorbildes. Nicht der sogenannte Machiavellismus der Macht, sondern der politische Konsens ist das Ziel beider Denker, wiewohl sie sich nicht scheuen, einen vorübergehend notwendigen Einsatz politischer Machtmittel zu befürworten. Doch bei aller Illusionslosigkeit vernimmt Bacon in den imaginierten Harmonien von Orpheus' Lyraspiel die Prinzipien, auf die das *regnum hominis* zu gründen wäre, nämlich auf die stete »Wiederherstellung und Erneuerung des Ursprünglichen«[57] in der äußeren Natur der Welt sowie auf Mäßigung selbstsüchtiger »Leidenschaften« in der inneren Natur des Menschen. Zugleich stiftet die Meisterschaft auf dem Saiteninstrument eine der christlichen Hermeneutik vertraute typologische Konkordanz zwischen Orpheus und dem Harfe spielenden David, zwischen griechischem Mythos und Altem Testament.[58] Und es ist David, der seinem Sohn Salomo das göttliche Gebot des Tempelbaus übermittelt, des Baus jener *imago mundi*, in der Bacon das theoretische Gebäude enzyklopädischer Wissenschaft präfiguriert sieht. Er selbst steht somit im Schnittpunkt zweier typologischer Traditionen, die sich von der Bibel und dem griechischen Mythos herleiten. Im Sinne einer solchen Konvergenz von Jüdisch-Christlichem und Antik-Heidnischem stilisiert er nicht nur bewußt sein theoretisches Werk, sondern auch sich selbst. So wählt er als Pseudonym für seine fiktive Rolle als Kommentator des *Valerius Terminus* den allegorischen Namen HERMES STELLA.

Wie der griechische Bote der Götter verkündet er den durch sie bestimmten Lauf der Dinge und wie der Stern bei Christi Geburt leitet er den Weisen auf seinem Weg zur Wahrheit. Hinzu tritt noch die im Humanismus gepflegte Überlieferung des Hermes Trismegistos (des Dreimalgrößten), unter dem seit der Spätantike der ägyptische Gott Thoth verstanden wurde, der Gott der Schrift, der Wissenschaften und der Künste sowie der geheimen Weisheiten, deren Interpretation er seinen Namen gab: Hermeneutik. So kommt Edgar Wind in seinem Buch über *Heidnische Mysterien in der Renaissance* zu dem Schluß: »Hermes war der göttliche *Mystagoge*«[59] – der Götterbote und Priester, der in die Mysterien einführt. Als himmlische Frühgestalt des Aufklärers, mit Attributen aus dem antiken Mythos und dem Alten Testament ausgestattet, findet er sich in Achille Bocchis *Symbolicae questiones* (1555) abgebildet: auf dem Kopf den geflügelten Helm und in der Hand einen siebenarmigen Leuchter, der vor einer dunklen Wolke das Licht der Wahrheit erstrahlen läßt (siehe die Umschlagillustration der vorliegenden Ausgabe).

Als säkularisierter Mystagoge, der in die Erkenntnis der Natur und des Menschen einführt, unternimmt es Bacon, auch im Mythos ein Stück Aufklärung sichtbar zu machen. Bei aller Willkür im einzelnen reduziert er jedoch das Mythische nicht auf eine Vorform instrumenteller Vernunft, sondern gewahrt darin auch einen utopischen Sinn, der über die unmittelbar lebensdienlichen Erklärungen hinausweist.

Anmerkungen

1 Karl Marx, Friedrich Engels, *Die heilige Familie oder Kritik der kritischen Kritik* (1845), in: *MEW* Bd. 2, Berlin 1958, S. 135.

2 Ebd.

3 Ebd., S. 136.

4 Vgl. Brian Vickers, *Bacons ›Utilitarismus‹. Quellen und Einflüsse*, in: ders., *Francis Bacon*, Berlin 1988, S. 39–70.

5 Francis Bacon, *Das neue Organon* (im folgenden: ›*NO*‹), übers. von R. Hoffmann, hg. von M. Buhr, Berlin 1962, Buch I, Aph. 129, S. 136.

6 *De interpretatione naturae prooemium*, in: *The Works of Francis Bacon*, ed. by

Spedding, Ellis and Heath, London 1857–1874 (14 Bde.), repr. Stuttgart 1963 (im folgenden: ›*Works*‹), Bd. III, S. 518–521 (engl. Übers. von Spedding, in: *Works* III, 84–87).

7 Ebd.

8 Vgl. Hans Blumenberg, *Der Prozeß der theoretischen Neugierde*, Frankfurt am Main [2] 1973.

9 Vgl. die im Titel ausgesprochene Grundthese des Standardwerkes von Paolo Rossi, *Francesco Bacone. Dalla magia alla scienza*, Bari 1957, Turin [2]1974; engl.: *Francis Bacon. From Magic to Science*, aus dem Italienischen von S. Rabinowitch, London 1968.

10 Francis Bacon, *Neu-Atlantis*, übers. von G. Bugge, Stuttgart 1982, S. 46.

11 Ernst Bloch, *Das Prinzip Hoffnung*, 3 Bde., Frankfurt am Main 1973, 2. Bd., S. 766.

12 Ebd.

13 Vgl. Francis Bacon, *Essays oder praktische und moralische Ratschläge*, übers. von E. Schücking, Stuttgart 1970, 33. Kap. ›Über Kolonien‹, S. 116 ff.

14 Ernst Robert Curtius, *Europäische Literatur und lateinisches Mittelalter*, Bern und München [3]1961, S. 138 f.

15 Vgl. Gerhard Kurz, ›Zu einer Hermeneutik der literarischen Allegorie‹, in: Walter Haug (Hg.), *Formen und Funktionen der Allegorie*, Stuttgart 1979, S. 12–24.

16 Vgl. *NO*, S. 6; *Works* I, 125.

17 *NO* I, Aph. 92, S. 104.

18 Vgl. *NO*, S. 12.

19 *NO*, I, 93, S. 104 f.

20 Zit. nach: *Die Bibel* oder die ganze Heilige Schrift des Alten und Neuen Testaments, nach der dt. Übers. Martin Luthers, Stuttgart 1937.

21 *NO* II, 52, S. 305 f.

22 *NO* I, 31, S. 49.

23 Vgl. Gaston Bachelard, *Die Bildung des wissenschaftlichen Geistes*, Beitrag zu einer Psychoanalyse der objektiven Erkenntnis, übers. von M. Bischoff, mit e. Einltg. von W. Lepenies, Frankfurt am Main 1978.

24 Francis Bacon, *Valerius Terminus. Von der Interpretation der Natur*, mit den Anmerkungen von Hermes Stella, engl.-dt., eingel. und hg. von F. Träger, Würzburg 1984, S. 43.

25 Vgl. ebd., S. 37.

26 *NO*, S. 16.

27 Francis Bacon, *Valerius Terminus*, a. a. O., S. 39, vgl. 1. Könige 5,13.

28 Vgl. *NO* I, 129, S. 135.

29 Francis Bacon, *Valerius Terminus*, a. a. O., S. 39.

30 Charles Whitney, *Francis Bacon. Die Begründung der Moderne*, aus dem Amerikan. von H. Voges, Frankfurt am Main 1989, S. 33.

31 Ebd.

32 Beide Begriffe synonym bei Thomas von Aquin, *Quodlibet* VII, art. 15.
33 Hennig Brinkmann, *Mittelalterliche Hermeneutik*, Darmstadt 1980, S. 253.
34 Vgl. Mircea Eliade, *Kosmos und Geschichte. Der Mythos der ewigen Wiederkehr*, Frankfurt am Main 1984, S. 29.
35 *NO* I, 120, S. 125.
36 Charles Whitney, a. a. O., S. 44.
37 In vorl. Ausg., S. 9.
38 Ebd., S. 12.
39 Ebd.
40 Francis Bacon, *Über die Würde und den Fortgang der Wissenschaften*, übers. und mit dem Leben des Verfassers und einigen historischen Anmerkungen, hg. von Johann H. Pfingsten (1783), repr. Darmstadt 1966, S. 234.
41 Ebd., S. 235 f.
42 Vgl. Charles W. Lemmi, *The Classic Deities in Bacon. A Study in Mythological Symbolism*, Baltimore 1933, repr. New York 1971.
43 Natalis Comes, *Mythologiae sive explicationum fabularum libri X*, Venedig 1567, repr. New York 1976, S. 290; 2. erw. Aufl. Venedig 1581, S. 671.
44 Ernst Cassirer, *Individuum und Kosmos in der Renaissance*, Darmstadt [5]1977, S. 85.
45 Vgl. Benjamin Farrington, *The Philosophy of Francis Bacon. An Essay on its Development from 1603 to 1609 with new Translations of Fundamental Texts*, Liverpool 1964, S. 121, Anm. 1: »During the seventeenth century there were nine editions of the Latin original, five editions in English, two in French, and one in German.« Auch gab es noch eine italienische Ausgabe.
46 Paolo Rossi, *Francesco Bacone*, a. a. O., [2]1974, S. 161; engl. Ausg. 1968, S. 96.
47 *NO* I, 80, S. 86 f.
48 In vorl. Ausg., S. 69.
49 Ebd.
50 Ebd., S. 51.
51 Ebd.
52 Ebd., S. 50.
53 Max Horkheimer und Theodor W. Adorno, *Dialektik der Aufklärung. Philosophische Fragmente*, Amsterdam 1947, S. 14.
54 Klaus Heinrich, ›Mytheninterpretation bei Francis Bacon‹, in: ders., *Parmenides und Jona. Vier Studien über das Verhältnis von Philosophie und Mythologie*, verb. Neuaufl., Basel/Frankfurt am Main 1982, S. 43.
55 In vorl. Ausg., S. 34.
56 Ebd., S. 36.
57 Ebd., S. 35.
58 Vgl. Friedrich Ohly, ›Typologische Figuren aus Natur und Mythos‹,

in: Walter Haug (Hg.), *Formen und Funktionen der Allegorie*, Stuttgart 1979, S. 126–166.

59 Edgar Wind, *Heidnische Mysterien in der Renaissance*, übers. von Chr. Münstermann, mit e. Nachw. von B. Buschendorf, Frankfurt am Main, [2]1984, S. 145.

Philosophie

Jean Le Rond D'Alembert
Einleitung zur 'Enzyklopädie'
Herausgegeben und mit einem Essay von Günther Mensching
Band 6580

Jean Le Rond D'Alembert
Denis Diderot u.a.
Enzyklopädie
Eine Auswahl
Herausgegeben von Günther Berger
Band 6584

Francis Bacon
Weisheit der Alten
Herausgegeben und mit einem Essay von Philipp Rippel
Band 6588

Ernst Cassirer,
Jean Starobinski,
Robert Darnton
Drei Vorschläge, Rousseau zu lesen
Band 6569

René Descartes
Ausgewählte Schriften
Herausgegeben von Ivo Frenzel
Band 6549

Denis Diderot
Über die Natur
Herausgegeben und mit einem Essay von Jochen Köhler
Band 6583

Hans-Georg Gadamer (Hg.)
Philosophisches Lesebuch
3 Bände: 6576/6577/6578

Jens Heise
Traumdiskurse
Die Träume der Philosophie und die Psychologie des Traums
Band 6585

Max Horkheimer
Gesellschaft im Übergang
Aufsätze, Reden und Vorträge 1942-1970. Herausgegeben von Werner Brede
Band 6545

Sozialphilosophische Studien
Aufsätze, Reden und Vorträge 1930-1972. Herausgegeben von Werner Brede
Band 6540

Zur Kritik der instrumentellen Vernunft
Band 7355